01/07

D1725924

CLICHY-SOUS-BOIS
Vallée des Anges

DU MÊME AUTEUR

L'Itinéraire de Parhan au château d'Alamut et au-delà, Fayard, 1978.

Le Grand Manège, Plon, 1993.

Un aller-retour, Robert Laffont, 2004.

Dominique Bromberger

CLICHY-SOUS-BOIS
Vallée des Anges

Présenté par Mahmoud Hussein

arléa
16, rue de l'Odéon, 75006 Paris
www.arlea.fr

ISBN 2-86959-752-5
EAN 9782869597525
© Octobre 2006 – Arléa

À Hala,
qui m'a appris à comprendre la différence,
sans complaisance

Présentation par Mahmoud Hussein

UN REGARD LUCIDE ET CHALEUREUX

Avant d'ouvrir ce livre, vous n'avez peut-être jamais mis les pieds à Clichy. Mais vous savez, ou croyez savoir, deux ou trois choses sur « eux ».

Eux, ce sont ces travailleurs venus d'ailleurs, composant la « main-d'œuvre étrangère » que la France a importée au lendemain de la Seconde Guerre mondiale. La France avait besoin d'eux, pour effectuer les travaux les moins spécialisés et les moins bien payés, et eux avaient besoin de la France, pour échapper au chômage massif qui sévissait dans leurs pays ruinés. De part et d'autre, on était tacitement d'accord : les arrivants ne seraient que des hôtes de passage. Ils ne s'exprimaient d'ailleurs que dans la langue de leur pays d'origine, où leur cœur restait enraciné, et où ils comptaient bien revenir. Ils demeuraient profondément étrangers au pays d'accueil, qui, tout en les intégrant dans son système de production, les excluait de sa société.

Ces travailleurs, arabes ou africains, ont longtemps accepté d'être traités avec mépris, et de vivre dans des conditions éprouvantes, sans même se demander si ces conditions pouvaient être transformées ou améliorées. Ils n'étaient pas armés pour revendiquer, encore moins pour se révolter. Les organisations ouvrières françaises n'ont pas su leur parler, et même les jeunes étudiants de mai 1968, porteurs de généreux discours, leur semblaient venir d'une autre planète.

Puis les perspectives ont quelque peu changé. La France a pris des dispositions pour permettre un établissement à plus long terme de ces hôtes bien utiles. Les hommes ont été rejoints par leurs épouses, ils ont eu des enfants, qui sont allés à l'école. La « main-d'œuvre étrangère » était de moins en moins composée de fantômes indistincts, frôlant la société française sans la voir, le regard obstinément tourné vers le grand large. À leur place se trouvaient des familles, qui apprenaient à vivre, à procréer, donc à se projeter dans un environnement où elles acquéraient des habitudes nouvelles, en marge de la société française, mais plus tout à fait étrangères à elle. Ces familles continuaient le plus souvent de parler arabe ou ouolof, mais commençaient à parler français aussi. Elles n'étaient certes pas vraiment chez elles en France, mais n'étaient plus tout à fait chez elles dans leurs pays d'origine. Elles étaient déracinées.

Puis les enfants nés en France y ont grandi. Devenus français par la loi du sol, ils ont fait leurs études primaires et secondaires en français et s'expriment d'abord en français, la langue de leurs parents étant devenue accessoire. Par ailleurs, ils ont appris ce que c'est qu'un droit, et ce que c'est que de le posséder sur papier et d'en être privés dans les faits. Ils font partie désormais de la société française – mais du côté de ses exclus.

Car les trente glorieuses années de la prospérité d'après guerre sont terminées, le chômage s'est installé, les barrières sont de plus en plus infranchissables entre ceux qui ont des chances de monter dans le train de l'économie mondialisée et ceux que celle-ci écrase. Les nouvelles inégalités frappent des millions de gens, y compris des Français de souche. Mais elles frappent encore plus cruellement ceux qui n'ont plus aucune souche, ni en France ni ailleurs. Ceux-là souffrent comme les autres de la précarité, de la médiocrité et de n'avoir, pour la plupart d'entre eux, aucun espoir d'y échapper. Mais surtout, d'être des Français que les autres Français ne traitent pas comme des Français.

La culture, les origines, la consonance du nom qu'on porte, le lieu et le quartier qu'on habite, les gens qu'on fréquente, tout cela compte pour faire la différence entre ceux qui ont une chance et ceux qui n'en ont pas. Alors ces derniers, pour se protéger du dehors, vont se replier sur ce qui, justement, fait leur différence et qui se referme sur eux comme un piège. Il ne s'agit pas pour eux de redevenir algériens ou maliens, puisqu'ils ne l'ont jamais été ; il s'agit de trouver, là où ils sont, des repères qui remplacent la France : la zone, le quartier, la bande, le groupe ethnique ou religieux. Le résultat, on ne le découvrira que lorsque gronderont les orages.

Comment se fait-il que les autorités morales, politiques ou intellectuelles d'un pays comme la France, mis à part quelques chercheurs isolés, n'aient rien vu venir de ce que l'on a appelé la « révolte des banlieues » ? Que l'État n'ait rien pu faire, ou rien voulu faire, pour prévenir l'incendie passé ? Qu'il ne fasse presque rien en prévision de l'incendie prochain ?

Vous avez peut-être lu là-dessus des analyses, des livres ou des articles de journaux. Vous avez surtout vu des images, à la télé, sur les écoles incendiées et les voitures brûlées, sur les jeunes emmenés devant les juges, sur leurs parents au regard perdu. Cela vous a-t-il permis de faire un lien entre les causes et les effets ? De passer de l'information à la compréhension ?

Le livre que vous avez entre les mains vous offre quelque chose que ni les journaux, ni la télé ne vous ont apporté jusqu'ici : un vrai regard, lucide et chaleureux, sur la vie à Clichy, qui fut au cœur de l'orage de l'automne 2005.

Dominique Bromberger n'y a pas fait une visite-éclair. Il y est resté pendant des semaines, il y a marché, dormi, mangé ; il y a trouvé les marques nécessaires pour s'orienter, pour entendre les uns et les autres, pour saisir la topographie des lieux, l'histoire des quartiers, la généalogie des sentiments. Il ne prétend pas apporter des solutions, mais plus modestement cerner quelques grands problèmes. À travers les dizaines de portraits qu'il a croqués pour nous, il nous livre les petits riens qui nous font toucher le fond des choses. Ces riens qui peuvent conduire à un embrasement, lorsque les gens n'ont plus de langage commun, et que l'espoir les a quittés.

M. H.

Avant-Propos

Cette histoire a commencé par un appel, celui d'un inconnu, dont je n'ai pas compris d'abord comment il pouvait connaître le numéro de mon téléphone portable. Depuis quelques semaines à peine, j'étais rentré d'un voyage aux lisières de la Russie, sur les terres des républiques issues de l'ex-URSS. Il m'était apparu, un jour du printemps 2005, alors que je peinais à l'écriture d'un roman remis sur le métier depuis plus de vingt ans sans que je parvinsse jamais à lui donner la nécessaire cohérence, qu'il y aurait sans doute beaucoup à découvrir et à raconter sur le trajet de Pékin à Paris.

J'avais obtenu de la part de mon employeur l'autorisation de m'absenter pendant les deux mois d'été. L'investissement financier avait été important, j'avais vécu dans un autre monde, fait des rencontres étonnantes. Le temps m'était compté, et il me tardait d'écrire et de décrire ce que j'avais connu. J'avais traversé des pays aux noms imprononçables, frôlé quelques dangers, je m'étais perdu dans des villes inconnues, j'avais pris le soleil au bord d'un lac dominé par des sommets himalayens, j'avais côtoyé le souvenir de Tamerlan et celui d'Alexandre, et voilà que cet inconnu venait me proposer de publier le dialogue qu'il me faudrait tenir avec un maire de banlieue ! Ce n'était pas qu'en d'autres temps l'idée, telle qu'elle était présentée, ne m'eût pas séduit. L'interlocuteur que l'on me proposait gérait une ville aux soixante nationalités, qui était, à ses dires, ce que l'on pouvait faire en France de plus exotique. Et le fait que je ne parvenais pas à la situer sur une carte alors qu'elle était si proche de Paris redoublait mon intérêt.

Par politesse plus qu'autre chose, j'acceptai pourtant un rendez-vous à trois semaines de là, dans un café qui eut son heure de gloire à Saint-Germain-des-Prés. Mon interlocuteur, qui était revenu la veille d'Extrême-Orient, comprit fort bien que je préfère remettre la mise en œuvre de son projet à l'automne suivant. Il n'y avait pas d'urgence exagérée.

Le surlendemain de cette rencontre, les banlieues s'enflammaient. Le feu s'était déclenché dans la ville dont on m'avait proposé de rencontrer le maire : Clichy-sous-Bois.

Un voyage au long court

Je suis arrivé pour la première fois à Clichy un matin d'automne. L'air était encore doux à la gare du Raincy, passage obligé pour atteindre la commune. Au Raincy, Clichy-sous-Bois n'existe pas. La station s'appelle dans les indicateurs « Raincy-Villemomble-Montfermeil ». Quand on descend du train et que l'on se dirige vers la sortie, une flèche indique à gauche Villemomble et une autre, à droite, Le Raincy. Montfermeil est à plusieurs kilomètres et, pour l'atteindre, il faut traverser Clichy. Mais Clichy n'est signalé que lorsqu'on en est tout proche, quand cela devient inévitable. Jusque-là, on préfère en négliger la mention, comme s'il s'agissait d'un endroit maléfique. Les automobilistes qui connaissent ce coin de banlieue évitent soigneusement la voie directe pour rejoindre Clichy, car c'est la plus lente. Celle qu'on appelait naguère la Grand-Rue est hérissée de feux de trafic, bardée de ronds-points, encombrée de voitures garées en double file. Les autobus qui l'empruntent ne s'y frayent que laborieusement un chemin.

Le Raincy semble vouloir retenir sur son territoire ceux qui y ont pénétré. La petite ville déploie pour cela tous ses charmes. Les magasins illuminés y attirent les chalands. Plusieurs maisons de maître certifient que la commune a vécu l'histoire d'une occupation ancienne. La mairie, bâtisse sans aucun doute élevée par un bourgeois qui se voulait gentilhomme, se dresse orgueilleusement derrière ses grilles. À proximité de la gare, un Monoprix fait flamboyer ses lettres écarlates. Les cafés ont disposé leurs tables jusqu'au bord de la chaussée. Les étalages des épiciers débordent sur le trottoir. Et tous ces commerces, ces maisons entourées de jardinets paraissent dire : « Pourquoi aller plus loin ? Pourquoi vous rendre en enfer ? » Ce n'est pas de la richesse qui s'expose ainsi mais, au moins, une certaine tranquillité : celle que procure, digestif à l'appui, un repas épais. Ce n'est pas l'abondance, mais la promesse de vivre sans souffrir de pénurie. Ce n'est pas l'assurance du bonheur, mais la garantie que la peur ne viendra pas frapper à votre porte. Le maire, du reste, s'est fait une gueule et une silhouette propres à réjouir sa population. Il n'est que de le regarder pour savoir qu'il rote et pète fort. Un chapeau et un insigne de shérif sont les seuls accessoires qui lui manquent. Il porte déjà la chemise à carreaux commune à l'ouvrier prospère et au cow-boy justicier des westerns des années 1950.

C'est dans ce couloir de propreté et de lumières économes que se faufile le charroi d'un autre monde. De loin, l'autobus 601 se fait passer pour un autre. Il est maquillé à la manière de ceux qui desservent Livry-Gargan ou Villemomble. Mais les Rancéens qui discernent son numéro et connaissent sa destination en détournent le regard dès qu'ils le reconnaissent de peur de provoquer sa colère. Le 601 est toléré sur le parvis de la gare, à condition qu'il emporte loin de la ville son chargement de passagers qui dénotent dans le paysage. Avant qu'il ne détonne. Cette machine pourrait un jour, qui sait, être chevauchée par des islamistes bourrés d'explosifs et se désintégrer au milieu de la Grand-Rue, provoquant un cataclysme à la mesure des attentats de Madrid et presque de ceux des tours jumelles de New York...

Peut-être n'est-ce pas cela, peut-être me trompé-je dans l'exagération et jusqu'au fantasme, mais la méfiance est là. Palpable. Les Clichois, quant à eux, avec la rancœur des délaissés, prennent comme des brimades l'aménagement des carrefours en ronds-points et la multiplicité des feux de circulation qui, ils en sont persuadés, ralentissent délibérément la marche de leur équipage.

Le 601 stationne devant un café situé face à la gare, où l'on tutoie le client même inconnu. Comme la station n'a ni toilettes ni machines à boissons, cette position constitue, pour ses heureux propriétaires, une belle rente de situation dont l'acariâtre patron ne veut voir que les inconvénients. Au-dessus de son bar, il a affiché : « Toilettes et verre d'eau : 50 centimes d'euros pour les non-consommateurs ». Et si un consommateur – ce fut mon cas – s'en étonne, il s'emporte, hurle : « Dégage ! », menace de le jeter dehors et joindrait le geste à la parole si d'autres clients ne s'interposaient pour le calmer. Bienvenue au Raincy !

L'express « à emporter » est servi dans un gobelet de plastique. Il est plus cher qu'à Clichy mais il est aussi meilleur, et il permet de fuir l'endroit pour le déguster. Dans la froidure d'hiver, le café-hôtel de la Gare offre pourtant la possibilité de patienter au chaud dans une épaisse fumée de cigarettes en attendant le prochain bus ou le train suivant. Surtout quand tombe la nuit et que monte le brouillard tenace. Le chauffeur du bus y profite d'un moment de détente. Il y retrouve les plaisanteries de l'endroit, des têtes connues, une odeur sinon agréable du moins rassurante. Et puis, il rejoint son engin sur la place, ouvre les portes aux passagers qui l'attendaient à l'extérieur et qui s'y engouffrent sans qu'il soit possible à l'observateur ignorant de savoir s'ils paient ou non leur place. À la gare, la population du 601 est encore mélangée. Mais au fur et à mesure qu'on s'en éloigne et que l'on se rapproche de Clichy, les visages familiers aux centres ville et aux campagnes françaises diminuent en nombre. Ces visages-là sont surtout ceux de vieilles dames et de jeunes filles. Peut-être les mâles de l'endroit ne circulent-ils qu'en automobile... Et leurs épouses aussi. En banlieue, quand on le peut, il n'est pas inutile de disposer de deux voitures.

Pourtant, dès que le bus s'ébranle, il apparaît que ses passagers ne cadrent pas avec le spectacle de la rue. Ils ne sont pas ici chez eux. Ils sont trop noirs, trop bruns. Ils ont la peau trop mate et les yeux trop foncés. Dans l'entre-deux-mondes qui sépare les deux villes, une sorte de *no man's land* bref mais très perceptible, je suis même un moment seul de la catégorie « Français de souche ».

Même dans la bousculade de la montée et dans la presse du trajet, ma canne me vaut bien des attentions, et j'ai le plus grand mal à convaincre une « mama » noire de ne pas se lever pour me céder sa place. Les adultes, assis ou debout, parfois compressés entre plusieurs cabas, prennent leur mal en patience. Les jeunes ont des écouteurs vissés sur les oreilles et sont ailleurs, dans la musique qui envahit tout leur corps. En somme, un spectacle citadin anodin, si ce n'était la couleur des passagers.

Seule indication de la traversée d'une banlieue « difficile », la présence envahissante d'un petit groupe d'adolescents, un tout petit groupe, mais qui, haut et fort, à lui seul, occupe tout l'espace de la parole. Les propos sont ceux de leur âge, définitifs, mais la langue et l'accent sont ceux de l'endroit : un français des cités que certains petits Parisiens se plaisent parfois à imiter, histoire d'avoir l'air de « durs » et de choquer leurs parents. Un jeune Noir et ses trois copains, maghrébins ou turcs, usent de ce langage qui est leur commune propriété. Du coup, à la différence de leurs parents, personne ne saurait dire en les écoutant quelle est l'origine de leur famille. Leurs intonations ne tiennent ni de l'arabe maghrébin, ni du turc, ni des langues africaines. Ils parlent le « français des banlieues ». À entendre ces intonations, à ne pas comprendre certains mots, on se dit que, pour ces jeunes gens, la couleur de peau, la langue d'origine, le pays qui a vu naître leurs parents, tout ça n'a peut-être pas autant d'importance qu'on le croit parfois, et qu'ils se considèrent plutôt comme une sorte de « peuple des banlieues », avec son parler, sa culture, sa conception particulière des relations humaines, ses territoires morcelés, ses conformismes et ses haines, ses loyautés et son chauvinisme de quartier, sa xénophobie aussi, qui est le négatif de celle qui s'exprime ailleurs. En tout cas, ils appartiennent à un autre monde que celui de la Grand-Rue du Raincy. Le

Raincy n'aime pas les voir transiter sur ses voies. Quant à eux, il est clair qu'ils se sentent là en territoire ennemi. Ils défient ce qui les entoure, les pavillons, bien sûr, mais aussi ceux qui, à bord de l'autobus, ne sont pas de leur âge. C'est leur façon d'être, de se persuader qu'ils ont une personnalité qui n'appartient qu'à eux, que les autres, tous les autres, même ceux qui vivent dans leur immeuble, ne peuvent pas comprendre. C'est une manière brutale, provocatrice, et qui pourrait être violente si quelqu'un venait à s'y opposer sans être en position de force, de construire une barrière entre la petite bande qu'ils constituent et le reste du monde. Dérisoire, pathétique et odieuse façon d'affirmer leur existence et, s'il le faut, de l'imposer par les coups.

Dernier arrêt avant l'enfer. Le 601 prend, à droite, sous le panneau qui annonce, pour la première fois, la direction de Clichy-sous-Bois, et se lance à l'assaut de la colline. Il laisse derrière lui le paysage urbain, l'avenue étroite, encadrée de maisons basses, pour s'engager sur un boulevard à quatre voies séparées par un terre-plein central. On quitte la ville pour un ailleurs inconnu. Pourtant, le long de cette voie rapide – dont on ne sait pas si elle fut construite pour qu'on pût s'évader en masse vers la campagne ou si elle a été conçue comme un moyen d'échapper à de dramatiques événements qui se dérouleraient en haut de la colline –, s'égrènent encore quelques petits commerces, des cafés et des pavillons.

À gauche encore, avant que l'autobus ne s'engage sur le rond-point Charles-de-Gaulle – mais que tout le monde appelle du nom d'un autre général, Leclerc, du fait de la présence d'un centre commercial à proximité –, vous verrez deux maisonnettes encastrées l'une dans l'autre, peintes de cet ocre clair qui est la couleur presque universelle de l'endroit. Ce sont les dernières, les bornes frontières de la commune de Livry-Gargan, que le 601 traverse brièvement au sortir du Raincy.

Notre 601 contourne alors le rond-point, refuse la large voie qui poursuit l'assaut de la colline et s'engage dans un canyon dont des barres d'immeubles interminables constituent les parois. Nous voilà à Clichy. Cette longue gorge aux murs de béton s'appelle, par dérision croit-on d'abord, avant de se pencher sur l'histoire de la ville, la Vallée des Anges.

À l'arrêt, montent à bord, pour quelques stations, des personnes âgées qui reviennent, cabas au bout des bras, du centre commercial, des hommes et, surtout, des femmes qui portent déjà sur le visage et dans leur démarche la fatigue de cette journée à peine entamée qui va ressembler à tant d'autres. Pour un temps, je ne suis plus le seul Européen à bord.

Ces barres de la Vallée des Anges ont plutôt bonne mine. Elles constituent certes une sorte de muraille à peine discontinue qu'il paraît bien difficile de pénétrer, mais les murs ont l'air sain et la peinture, inévitablement dans les mêmes tons, du jaune d'œuf au brun clair, n'a pas eu le temps de se détériorer ni d'être détériorée.

Mais jetez donc au passage un coup d'œil sur les entrées de parking qui trouent la muraille et vous aurez une vision bien différente de ce qui se passe de l'autre côté. Vous apercevrez des voitures abandonnées depuis longtemps, des véhicules sur cales de brique ou de bois, des automobiles aux vitres brisées, raccommodées d'un bout de plastique, aux essuie-glaces arrachés, aux pare-chocs démantibulés, à la carrosserie enfoncée, qui gisent là dans l'attente d'un enlèvement improbable. À côté de ces épaves, vous verrez aussi des machines ordinaires, faites pour trimbaler une famille, ni plus propres, ni plus endommagées que dans les centres urbains. Et puis quelques limousines rutilantes, de préférence des Mercedes de modèle récent. Avec celles-ci, vous aurez une vision plus exacte de la ville. Mais vous n'aurez pas de réponse immédiate aux questions que cela fera naître chez vous, car la réalité n'est pas univoque.

Le nom de la voie qui parcourt la Vallée des Anges n'a rien à voir avec le passé ancien qui fit désigner ainsi ce lieu-dit, d'où les anges ont disparu depuis bien longtemps. C'est l'allée Maurice-Audin, du nom d'un militant du parti communiste qui, pendant la guerre d'Algérie, fut torturé à mort dans la prison d'El Biar. Maurice Audin était un mathématicien brillant. Et le parti communiste, qui pendant de longues années avait approuvé la répression en Algérie, en fit le héros posthume de sa nouvelle politique. Le groupe scolaire Paul-Langevin, du nom du scientifique compagnon de route du PC, donne sur l'allée Maurice-Audin, tandis qu'embusquée derrière la première rangée d'immeuble se trouve l'allée Louis-Grampa, du nom d'un exilé italien qui, ayant fui la dictature mussolinienne, fit fortune à Montreuil dans la fabrication de pâtes alimentaires et s'offrit, un jour de 1945, le tiers de la commune de Clichy-sous-Bois. Louis Grampa avait compris qu'il y avait beaucoup d'argent à faire sur ces pentes herbeuses où paissaient encore des vaches, mais qui étaient situées à dix-huit kilomètres seulement des boulevards extérieurs de Paris. C'est lui qui, le premier, chassa les anges d'une vallée où, depuis, ils ont eu garde de ne jamais revenir.

Clichy, à l'image de bien d'autres villes d'une banlieue qui fut rouge et qui, aujourd'hui, est souvent rose, ou bleue, mais surtout colorée de peaux brunes et mates, parfois jaunes, porte l'empreinte sur ses plaques de signalisation de deux passés. L'un ancien, celui de la commune rurale, invite à visiter les bois et les champs. Il s'agit le plus souvent de voies secondaires : à proximité de la forêt de Bondy, vous pouvez parcourir les allées des Houx, du Gros-Hêtre ou des Trois-Pins, qui ne sont, à vrai dire, que des impasses dans des quartiers pavillonnaires. L'allée du Verger, qui s'ouvre dans le chemin de la Tourelle, vous mènera à la place du Château. En bordure de Livry-Gargan, certes, l'avenue du Coteau coupe les rues de l'Abbaye, des Bois et des Prés, laquelle ouvre sur la rue des Pâquerettes. Mais les axes principaux s'appellent Gagarine et Maurice-Audin, tandis que c'est une allée Salvador-Allende qui donne accès à la mairie. Les compagnons de route du parti communiste français ont été, eux, particulièrement honorés au fronton des établissements d'enseignement et, avec eux, les écrivains qui furent considérés comme proches, du temps de Marcel Cachin ou Maurice Thorez. Les collèges ont pour nom Paul-Eluard, Joliot-Curie, Paul-Vaillant-Couturier, Henri-Barbusse ou Paul-Langevin, à l'occasion Romain-Rolland et, peut-être s'agit-il d'une dénomination plus récente, Jean-Jaurès et Jules-Renard. Aujourd'hui, la municipalité est socialiste.

Il existe quand même quelques souvenirs des origines de la ville. L'église, ou plutôt la chapelle Notre-Dame-des-Anges, rappelle que la première mention de l'endroit tint à l'accomplissement d'un miracle.

Le 601 continue son chemin, indifférent à ce genre de dénomination comme le sont également les passagers. Après avoir laissé à sa gauche plusieurs barres d'immeubles en copropriété, il s'arrête en contrebas de la mairie et à proximité d'un centre commercial, avant de longer les habitations un peu plus cossues de La Lorette et de La Tourelle, puis de me déposer à proximité de La Forestière, de triste réputation, et de l'allée Anatole-France, où se tient deux fois par semaine un marché qui est le principal point de rencontre des diverses populations de la ville.

Quand vous aurez accompli ce parcours, vous ne saurez rien de plus de Clichy. Vous aurez aperçu des bâtiments d'habitation, des barres, des tours, souvent décrépits, vous aurez remarqué des ensembles d'immeubles mieux entretenus, vous aurez longé quelques espaces verts, noté la présence d'un nombre réduit de commerces toujours regroupés autour d'une pharmacie, et vous n'aurez compris qu'une chose : cette ville n'a ni unité géographique ni histoire. Et vous vous interrogerez : cette ville existe-t-elle seulement aux yeux de ceux qui y résident ?

Ne commettez pas la sottise d'essayer de poser la question dans la rue. On ne vous répondra pas. Personne ne répond à une question comme celle-là. Il y a ceux qui n'en comprennent pas le sens et ceux qui ne comprennent pas le français. Si vous voulez obtenir une réplique de quelque nature que ce soit à une interpellation aussi incongrue, mieux vaut vous diriger vers le « foyer », en bordure d'un quartier de pavillons, qui est le dernier réduit des vieux « Blancs », qui ne se résignent pas encore tout à fait à mourir.

Nostalgie

Il existe à Clichy une maison de la nostalgie. C'est le foyer où se réunissent, à l'heure du déjeuner, les personnes âgées qui peuvent, entre elles, se raconter des histoires du passé, évoquer des souvenirs de la ruralité d'une époque révolue. Il y a même parmi elles quelques Clichois qui peuvent vous dire ce qui s'est produit avant la Seconde Guerre mondiale. « Dans les bois du dessous, ce qu'on appelle le parc de la Fosse-Maussoin, il y avait des carrières de plâtre et des champignonnières. On allait jouer là-dedans en nous cachant des parents. C'était interdit. Je ne sais plus si c'était à cause du danger ou des propriétaires. Et puis, pendant la guerre, les Allemands s'y sont installés. Ils ont fait de ces trous des dépôts de munitions. Ils ont mis des mines partout. Et maintenant, évidemment, il est de nouveau interdit de s'y rendre. De toute façon, ce n'est pas à mon âge que j'irais. »

« Et même, dit celui qu'on appelle l'inspecteur, il y a eu au moment de la Libération une grande bataille avec des blindés. Les Allemands avaient appelé des renforts de Montfermeil. Ils se sont avancés sous terre. Et c'est la Résistance qui est parvenue à les arrêter avant qu'ils ne débouchent à l'air libre et qu'ils ne dévalent sur Le Raincy et Paris. »

À l'époque de la guerre, Clichy ne comptait guère plus de cinq mille habitants. Mais même après, quand la population a été multipliée par quatre, à la fin des années 1960, le site inspirait encore beaucoup d'espoirs. « On arrivait à la campagne, se souvient Colette, qui a emménagé en face de la caserne des pompiers en 1970. On était heureux. On allait chercher le lait à la ferme et, en revenant, quand le soir tombait, on se dépêchait. L'aqueduc n'avait pas encore été construit. Et là où aujourd'hui vous voyez cette grande trouée, c'étaient des bois. On jouait peut-être à avoir peur, mais on ne pouvait s'empêcher de se demander si des loups ou d'autres animaux n'y étaient pas. En bas de la ville, évidemment, des immeubles étaient déjà construits, mais il n'y avait que des cadres à les occuper. Et en 1969-70, le centre commercial a été inauguré par Pierre Bellemare. Ç'a été une très belle fête. Avec mon mari, on déposait la voiture à Raymond-Queneau, à Bobigny, et on prenait le métro pour revenir à Paris. On ne regrettait pas notre minuscule appartement du XIXe arrondissement, on avait bien aménagé le nôtre ici. Du reste, vous le verrez un jour si vous voulez y venir. On était plein d'espoir. On nous avait promis une grande piscine et l'arrivée du métro aérien. Hier, j'ai vu de ma fenêtre un mariage turc. La rue était bloquée. Il y avait une vraie foule. C'était très joyeux. Mais maintenant, on n'est plus chez nous. »

« Et les noms... Les noms, vous ne trouvez pas que c'est moche ? interroge un octogénaire encore vif. Dans les années 1960, juste en dessous d'ici, ça s'appelait la résidence des Genettes. Maintenant, ils ont remplacé ça par La Pama et Stamu 1 et 2. En haut, il y a encore La Pelouse, La Terrasse et La Forestière. Mais La Forestière, vous verrez ce que c'est devenu. Du reste, ça se sait jusqu'à Paris, et maintenant dans le monde entier... depuis les événements. »

« Mais vous n'y êtes pas... Pas du tout... Clichy, c'est la plus belle ville du monde, dit Jean-Pierre. La preuve, c'est qu'on y vient du monde entier. Des Zaïrois que j'ai rencontrés se passent le mot : « Tu viens à Clichy-sous-Bois, on te donne tout, une maison, de l'argent, du boulot. Tout quoi ! » Cela dit, il n'y a pas que des gens mauvais, même chez les Africains. Les Moussa, mes voisins, je ne voudrais surtout pas qu'ils partent. On ne sait pas qui viendrait les remplacer. »

Une femme aux cheveux blancs soigneusement ondulés, celle qu'on appelle « l'avocate » parce que, en cas de problème, c'est elle qui se rend au commissariat de police du Raincy : « Moi, quand j'ai connu Clichy, la première fois, j'habitais encore à Pantin. Ici, il y avait des bals musettes, le Bal à Jean, le Coq hardi. Et puis, il y avait un cinéma, allée de Montfermeil. Mais il a fermé dans les années 1970. Je suis arrivée plus tard, en 1983. J'étais heureuse, je quittais une cité d'urgence à Rosny-sous-Bois. Là-bas, c'était Chicago, ici c'était mieux. À Maurice-Audin[1], il y avait un boucher, un marchand de journaux, une boulangerie, une poissonnerie, une mercerie, un magasin de jouets, tous tenus par des Français ».

---

1. Il s'agit de l'allée centrale de la ville, celle le long de laquelle se trouvent la Poste, la Sécurité sociale, le centre commercial et, non loin, la mairie.

Ce n'est pas « l'avocate » qui procède seule à cette énumération, Colette ajoute à la liste, et puis, une des cuisinières du foyer vient à leur secours quand elles hésitent. « Il y avait aussi un assureur... – Et puis même une boutique de tir à l'arc... – Au Chêne-Pointu, aujourd'hui, le seul commerce français qui nous reste, c'est le marchand de lunettes... »

C'est inévitable, mais ça vient moins vite que je ne l'imaginais, le discours aborde la question de la sécurité. Ces femmes se sentent vulnérables. « La vieille dame, dit l'une, elle va sortir de chez elle avec un sac en matière plastique, pas beaucoup d'argent et pas de carte de crédit. Parce qu'elle sait trop bien ce qu'elle risque... » ; « J'ai emmené trois personnes âgées au commissariat du Raincy pour porter plainte, dit « l'avocate » qui justifie ainsi son surnom. On les avait renversées pour leur prendre leur sac. C'est arrivé à Gilberte, à la Mamma que vous avez vue au déjeuner » ; « Et puis à Edwige aussi », ajoute une autre ; « Et à madame Lazaroni, quatre fois... » Sur ce « quatre fois », il y a un petit doute. C'est peut-être trois, ou même deux... Et d'autres violences ? « Oui, monsieur X, le 16 août 2000, il s'est fait tuer sur un trottoir. Il a pris un coup de poing et il est tombé. Il y a eu trois ans de procédure mais pas de témoins, alors... »

Pourtant, quelques jours plus tard, au pied d'un immeuble de La Pama, un ensemble de bâtiments de la très mal nommée Vallée des Anges, un petit groupe de copropriétaires réunis dans la loge du gardien nuancera le propos : « Pénibles, oui, les gamins dans la cage d'escalier. Mais dangereux, non, pas vraiment, quand ils vous connaissent » ; « Je n'ai pas le sentiment d'insécurité, dira un autre Jean-Pierre d'un âge à peu près analogue à celui du précédent. Les cris, le bruit, les fêtes qui se prolongent tard dans la nuit, bien sûr... Mais la peur, non. » Et ils seront quatre hommes et femmes à l'approuver.

Dominique est d'une autre génération. La cinquantaine vigoureuse, c'est une femme robuste, au regard bleu décidé et aux cheveux à peine grisonnants. Bien plantée sur des jambes solides, elle est évidemment moins fragile que les septuagénaires et octogénaires du foyer des seniors (« des seigneurs », dit Jean, quatre-vingt-douze ans, qui est le boute-en-train de la bande). Son histoire est la même. Elle vivait à Paris dans un deux-pièces minuscule. Elle est venue rejoindre à Clichy, en compagnie de son mari, en 1975, un beau-frère qui y habitait déjà. « Sur les hauteurs, il y avait des bâtiments, mais l'aqueduc n'existait pas et, à la place, il y avait un bois. Les enfants avaient un peu peur du loup... Dans les tours de Romain-Rolland, il y avait déjà beaucoup de Turcs. Ils étaient là avant que j'arrive... » Et puis, on ne sait pourquoi : « La piscine, on nous l'a promise depuis longtemps... » La piscine promise et non réalisée paraît focaliser beaucoup de frustrations.

Dominique, elle non plus, n'a pas peur. Sans doute parce que, je l'ai dit, elle est plus solide physiquement, mais peut-être aussi parce que, de par sa famille, elle est plus proche de ses voisins. « Mon mari s'occupe beaucoup de l'équipe de foot de Montfermeil. Et moi, j'ai longtemps tenu la buvette du stade. On m'a toujours respectée. Si un jeune se conduisait mal avec moi, un autre lui disait : « Tu sais pas à qui tu parles ! » Mais aujourd'hui, il y a

du nouveau, on voit des femmes avec des « grillages »
– il s'agit de la *burqa* afghane, le manteau et le voile
qui couvrent entièrement le corps et le visage, un
costume où même les yeux sont invisibles et sous
lequel la femme ne perçoit le monde que par deux
orifices à hauteur du regard. « Ça fait déjà deux, trois
ans qu'on les voit, mais il y en a de plus en plus.
Des garçons sont partis pour l'Afghanistan et on ne
les a jamais vus revenir. Les mères et les sœurs sont
restées, mais elles se sont voilées. Alors, les Français
qui restent, ce sont des vieux comme nous. Les
jeunes, ils s'en vont ailleurs, en banlieue... »

« Et le foyer ? ai-je interrogé avant de quitter
cette réunion d'anciens.

– C'est bien, ici. On paie beaucoup moins cher
qu'à Livry, pour déjeuner. Le maire passe nous voir.
Et puis, on est entre nous... »

De fait, au foyer, il n'y a pas trace de silhouette
étrangère. Il paraît qu'un vieil Arabe est venu, une
fois, mais il n'a pas dû se sentir très bien accueilli ;
et peut-être ces vieux lui ont-ils fait sentir qu'il n'était
pas à sa place. On ne l'a jamais revu.

« C'est bien, conclut Nelly, le minibus passe
nous prendre chaque matin et nous ramène chez
nous en fin d'après-midi. »

Je quitte cette bulle dans laquelle vivent les
« anciens » et je pars à la découverte du Clichy
d'aujourd'hui.

La Forestière

Je m'étais installé à l'hôtel Formule 1 pour y vivre, semaine après semaine, au milieu des Clichois, une vie proche de la leur. L'endroit avait connu quelques années auparavant une réputation particulièrement sulfureuse. Dans ses chambres, on pratiquait la prostitution, voire le viol organisé. C'était aussi un centre pour le trafic de drogue, un endroit sale où couraient parfois les rats. L'hôtel a été repris en main par un nouveau propriétaire, avec un nouveau directeur, un personnel qui s'impose et impose à la clientèle plutôt hétérogène une discipline certaine. Réceptionnistes et gardiens habitent à l'entour, mais pas à Clichy. Sans doute une condition pour qu'ils ne soient pas amenés à rendre service par amitié, ou sous la pression, à des voisins insistants. De telles pratiques pourraient dérégler la gestion délicate d'un établissement où les hôtes payants voisinent avec ceux qui, en quête d'hébergement, sont amenés par différents services sociaux. Comme dans tous les hôtels de ce type, la chambre est équipée de façon rustique. Les douches et les toilettes se trouvent sur le palier, mais la propreté du lieu est impeccable, et chacun s'affaire à sa tâche avec conscience. À vingt-deux heures – vingt et une heures en période de vacances scolaires –, quand le désœuvrement favorise chez certains adolescents de la ville ces manifestations d'hostilité vis-à-vis du monde entier qui leur donnent le sentiment d'exister, la grille d'entrée est fermée et l'on ne peut plus pénétrer sur le parking et, de là, à l'hôtel qu'en composant un numéro de code valable vingt-quatre-heures, ou en s'identifiant face aux caméras qui surveillent l'extérieur du bâtiment et chaque couloir à l'intérieur. Aucun réceptionniste n'est jamais seul ; il est toujours flanqué d'un gardien peu loquace, recruté surtout pour ses qualités musculaires.

Par chance pour moi, l'hôtel est situé en face de La Forestière, qui est l'épicentre du désastre clichois.

De loin, de très loin, La Forestière garde une certaine majesté. « C'est beau de loin et loin d'être beau », m'a dit un jour une lycéenne avec l'humour propre aux banlieues où l'on adore jouer sur les mots. Les immeubles se découpent sur le ciel comme les tours d'une forteresse qui dominerait la forêt de Bondy, pour protéger la ville des hordes barbares qui pourraient encore s'y cacher des siècles après la disparition des brigands qui l'infestaient. La ville ne leur doit-elle pas sa naissance ?

La légende veut en effet qu'en l'année 1212 trois marchands angevins, qui traversaient ces bois de mauvaise réputation, aient été attaqués par des bandits de grands chemins à la jonction de deux sentiers, celui qu'on n'appelait pas encore, comme elle fut baptisée au XVIIIe siècle, l'allée du Plateau, et celui qui se nommait déjà le chemin de la Grosse-Borne, en référence aux tentatives de bornage de l'époque romaine. Les marchands furent détroussés et attachés à des chênes. Sous leurs yeux jaillissait une source, dont la vue, au bout de quelques heures, ne fit qu'attiser leur soif.

Deux d'entre eux avaient déjà défailli quand le troisième, à bout de forces et de courage, implora le secours de la Vierge Marie. L'histoire veut alors qu'un ange soit apparu pour dénouer ses liens et qu'il ait pu secourir ses deux compagnons. L'eau de la source leur rendit à tous trois suffisamment de forces pour qu'ils pussent descendre jusqu'au village voisin. Une chapelle dédiée à Notre-Dame fut alors bientôt édifiée sur ces lieux pour commémorer le miracle. Les anges vinrent après, au cours du XIXe siècle, semble-t-il, mais la découverte d'un puits dans une crypte de la chapelle, en 1983, et de débris de coupelle paraît attester qu'il y eut là une eau sinon miraculeuse, du moins réputée. Jusque dans le troisième quart du XXe siècle, le lieu fut un centre de pèlerinage où l'on se rendait tous les 12 septembre, date supposée de la libération des marchands angevins. Longtemps, trois croix, à proximité de la chapelle, ont représenté les trois marchands. La source jaillissait à leur pied. Et puis, les travaux entrepris sur le plateau et les coteaux firent leur œuvre, la pollution toucha la fontaine, et le curé, gardien des lieux, se vit obligé de la faire maçonner. La source des Anges subit alors le sort commun de la plupart des bonheurs qu'avait enfantés Clichy. Elle fut aussi scellée dans le ciment. Longtemps, pourtant, la nostalgie dura. Le pèlerinage survécut un peu à la disparition de l'eau, et, aujourd'hui encore, il se trouve quelques pique-niqueurs pour se rendre sur le site le 12 septembre, quand le temps le permet.

Ceux qui construisirent La Forestière voulurent peut-être prendre le relais des Anges. En bordure du bois de la Couronne, à proximité du cours de la

Dhuys, une rivière aux eaux claires maintenant canalisées, qui alimente Paris, ils imaginèrent un ensemble immobilier qu'ils voulurent glorieux et qui, aujourd'hui, est le symbole de tout ce qui ne va pas dans la commune. La Forestière devait être desservie par une autoroute dont la construction était annoncée et programmée depuis les années 1960, et qui aurait permis aux cadres invités à l'occuper de rejoindre rapidement la capitale. Aujourd'hui, une coulée verte, visible du ciel, en dessine les contours. Mais la municipalité communiste, alliée à d'autres communes de ce qui était encore la banlieue rouge, et avec l'aide décisive du ministre des Transports de l'époque, membre du même parti, fit échouer le projet tant de fois annoncé. La mauvaise gestion de l'ensemble s'en mêlant, les cadres s'enfuirent vers d'autres villes de banlieue mieux desservies par la route et les transports en commun. Le départ prit progressivement des allures de panique, et le prix des luxueux logements s'effondra en quelques années. Il ne reste aujourd'hui qu'une poignée des occupants d'origine. Ceux-là ont fait preuve d'une obstination incroyable tant ils ont dû subir de turpitudes. Le pire est peut-être passé, mais la situation reste telle que la démolition de l'ensemble des constructions est aujourd'hui programmée.

J'ai donc traversé l'avenue qui porte, celle-là fort à propos, le nom d'Émile Zola, conteur de toutes les misères sociales d'une autre époque. Du trottoir d'en face, le malheur et le désastre sont déjà visibles. Les appartements du rez-de-chaussée sont protégés par des grillages, derrière lesquels s'entassent des débris métalliques, des sacs de plastique éventrés, des meubles de jardin rouillés qui ne serviront plus jamais. Quand toutefois ces logements ne sont pas murés faute d'avoir résisté aux assauts des squatters, ce qui arrive souvent aussi aux appartements du premier étage.

En levant les yeux, je pouvais contempler un autre aspect du désastre. Dans les années 1970, les résidences de luxe furent souvent édifiées sur le même modèle, témoignage s'il en était besoin du fait que la plupart des architectes, faute d'imagination créatrice, s'en remirent à la mode du moment. Inévitablement, les appartements de l'époque furent conçus avec de larges baies vitrées, censées laisser pénétrer le soleil. Mais chacune de ces portes-fenêtres coulissantes fut construite en retrait de l'alignement des immeubles pour permettre aux habitants de disposer de terrasses. Et comme la terrasse ouvrait sur l'extérieur, la corporation décida avec une belle unanimité de protéger l'intimité de ceux qui avaient l'intention de s'y installer par un écran de plexiglas. À La Forestière, les concepteurs de l'ensemble optèrent, à la suite de beaucoup de leurs confrères, pour un vitrage sombre qui devait au moins masquer les jambes et le tronc de ceux qui se prélassaient sur leur balcon. Comme tout le monde ou presque, ils imposèrent la teinte marron. C'est pourquoi beaucoup d'appartements pour ménages aux revenus confortables eurent à cette époque la même allure. On ne se préoccupait pas encore, au début des années 1970, de la déperdition d'énergie, et l'on mit beaucoup de temps à se rendre compte que le fait de placer les portes-fenêtres en retrait, et de parer l'avancée d'un écran sombre allait diminuer considérablement la pénétration de la lumière extérieure. On construisit donc des logements relativement sombres et difficiles à chauffer. Cela d'autant plus qu'au nom d'on ne sait quelle esthétique, la façade se devait d'être uniforme. Au lieu d'une terrasse, avec ses avantages et ses inconvénients, les plus spacieux des appartements de La Forestière en eurent trois, qui ne servaient à rien et réduisaient d'autant leur surface utile. Du coup, même du temps de sa brève splendeur, La Forestière apparaissait assez peu plaisante. Elle ressemblait à un sévère dispositif militaire. Les habitants d'aujourd'hui ont, eux, découvert une utilité à ces avancées à l'air libre. Ils y stockent les rebuts de leur vie, les débris dont on se dit qu'un jour peut-être ils serviront à quelque chose, tout le matériel usagé qui pourrait être utile à la famille restée au pays. Parfois aussi des vélos d'enfant qu'on abandonne à la rouille. Et puis, comme dans toute ville méditerranéenne ou africaine, le balcon est également utilisé comme séchoir, et l'on y aperçoit, pêle-mêle, jeans de jeunes filles, survêtements et baskets de garçon à côté des longues robes et des tristes voiles des mères. L'appui des terrasses trouve également son utilité. Il n'en est pas un auquel ne soit accroché au moins une antenne parabolique, voire deux parfois.

Ce bric-à-brac a le mérite de cacher complètement les restes de voilage pendus à ces portes-fenêtres, qui datent de l'époque de la construction, ou bien ceux que les nouveaux occupants ont mis en place pour remplacer les débris déchirés qui ne remplissaient plus leur fonction originelle et n'étaient que des oripeaux témoins de la misère des habitants. Les voilages de remplacement ont été accrochés tant bien que mal aux restes des tringles d'origine. Ils pendent tristement en festons désordonnés.

En entrant dans le périmètre de la résidence, je voyais émerger des cages d'escalier des formes furtives, encapuchonnées, ou des silhouettes en boubou qui me croisaient les yeux baissés.

En frôlant ce qui avait été naguère une porte d'entrée, et qui n'était plus qu'une ouverture béante sur l'obscurité, je remarquai que les boîtes à lettres avaient été arrachées. Celles qui n'avaient pas été entièrement détruites portaient la plupart du temps, comme seule marque d'identification, un numéro d'appartement gribouillé au feutre rouge ou noir. Parfois un, deux ou trois noms sont ainsi inscrits, mais nul ne saurait dire s'ils correspondent à ceux des occupants ou à des prédécesseurs éloignés.

Joseph est un grand gaillard au teint bistre, aux cheveux noirs qui, à l'occasion d'une réunion à la mairie, m'avait présenté une carte sur laquelle on pouvait lire : « Directeur, pôle de développement social pour l'habitat » et, en dessous : « MOUS-Médiation collective ».

Je devais me rendre au bâtiment 5, où il m'attendait. Deux hommes s'affairaient autour de grandes cuves à ordures bétonnées pour en nettoyer un peu les abords. Cette tâche était accomplie avec sérieux. Au pied des immeubles, le long des sentiers qui sinuent entre les constructions, étaient répandus toutes sortes de reliefs de la vie quotidienne à La Forestière. Beaucoup de sacs en plastique que le vent faisait courir, mais aussi des couches pour bébé et des serviettes périodiques, des boîtes de lait vides et des débris de bouteilles de bière, du riz gonflé par la pluie des jours précédents, des emballages de friandises et des papiers gras, des jouets brisés et, ici et là, enfin, des pièces d'automobile.

Sur le parking, quelques épaves en partie désossées voisinaient avec une majorité de voitures modestes mais aussi quelques engins étincelants, le tout posé sur une chaussée défoncée aux nids de poule innombrables.

Pour qui ne connaît pas, il est bien difficile de découvrir le bâtiment recherché, mais on peut toujours compter sur l'amabilité des habitants qui, quand ils sont abordés avec courtoisie, abandonnent pour quelques instants leur allure de zombie et s'animent pour vous guider.

À la découverte

Ne comptez pas arriver jusqu'au marché de Clichy en voiture. D'où que vous veniez, que ce soit du rond-point du McDo, de la route de Livry ou de celle de Chelles, sur près d'un demi-kilomètre, des véhicules sont garés sur tous les trottoirs, et il vous faudra retourner loin en arrière pour trouver une place de stationnement, en toute illégalité, bien sûr, car dans ce quartier il n'existe que très peu de possibilités, au moins ce jour-là, de dénicher un endroit autorisé. Et puis, vous redouterez peut-être de placer votre voiture trop près de l'un de ces engins dont on se demande comment ils font pour rouler tant leurs carrosseries sont bosselées et rouillées, tant leurs pneus sont entaillés, tant leurs moteurs, quand ils veulent bien démarrer, émettent de grondements caverneux et de cliquetis métalliques. Bien sûr, au milieu de cet amoncellement de ferrailles, vous verrez des limousines somptueuses et des roadsters à la peinture impeccable, mais vous vous direz que ces machines doivent, elles, être protégées par la crainte qu'inspirent à chacun le succès financier de leur propriétaire et, surtout, la façon dont ce dernier a pu faire fortune dans ce genre d'environnement.

Ou bien il vous faudra, à vous, le *borro* (« l'étranger

à la cité »), faire preuve d'un peu d'audace, prendre l'avenue Émile-Zola, en longeant les tours arrogantes et délabrées de La Forestière, contourner le quartier Anatole-France, l'immeuble promis à la destruction, et pénétrer aux Bosquets. Là, en traversant deux squares encombrés de véhicules, vous pourrez, en vous engageant sur ce qui fut à une époque éloignée une pelouse et n'est plus qu'un terrain boueux, vous approcher du Centre social de la Dhuys, et, dans la gadoue, abandonner votre auto. En vous éloignant d'elle, vous serez peut-être pris d'une sorte de remords. Vous vous retournerez un instant et vous lui souhaiterez bonne chance. Ensuite, vous franchirez une palissade partiellement écroulée et vous serez guidés vers votre but par un chant arabe dont vous ne saurez pas, si vous êtes un vrai *borro*, s'il est religieux ou s'il s'agit d'une chanson profane, s'il exalte la joie ou appelle à la contrition.

À l'intérieur de l'enceinte du Centre social, sur ce qui, le reste de la semaine, est le parking des employés, des visiteurs et des véhicules de service, vous apercevrez un petit groupe d'hommes grisonnants, au burnous gris ou brun, au costume un peu mité, à la moustache – et parfois à la barbe – modeste. Ceux-là se tiennent un peu en retrait de l'activité. Malgré le vacarme, ils échangent des propos brefs à voix feutrée. Ce sont des anciens, dont il m'est difficile sur le moment de dire s'ils attendent une épouse ou une fille occupée à ses achats hebdomadaires, ou s'ils se retrouvent pour discuter, entre deux longues pauses de silence, des affaires du quartier ou de leur communauté ; si leurs préoccupations sont d'abord d'ordre pratique, ou bien si ce qui les réunit est d'intérêt religieux, comme la proximité des commerces de « bondieuseries » islamiques le laisserait à penser.

Immédiatement derrière eux, à une palissade près, s'ouvre le marché dans son exubérance sonore, son fourmillement de robes, sa profusion de fruits, de pantalons, de nappes et de tissus d'Orient. Mais, d'abord, il faut franchir le carré des bigoteries ; le franchir ou plutôt s'y attarder, y flâner. Il y a là tout ce que l'on a pu un jour espérer apprendre sur l'islam, son Livre saint et ses prophètes. La place Saint-Pierre de Rome, les boutiques alentour et celles qui s'égrènent le long de la majestueuse *via* della Conciliazione qui y donne accès ne présentent qu'une image appauvrie et constipée de la débauche de produits religieux qui s'étalent dans cette portion du marché de Clichy. Peut-être à Lourdes, ou à Fatima, trouverait-on des étalages dont la générosité s'approche un peu de celle de la quincaillerie spirituelle qui s'étale sur les tréteaux ou s'accroche aux clôtures du Centre social. Sans doute, dans les échoppes de Jérusalem, avant que la guerre ne s'y installe pour y durer en une sorte d'éternité désespérante, pouvait-on découvrir aux devantures un tel assemblage baroque d'objets et de livres destinés à meubler de kitch l'ignorance religieuse. Là seulement eût-il été possible de découvrir d'identiques amulettes, capables de fournir à des enfants ou à de pauvres esprits affamés la recette miraculeuse du salut spirituel et financier. Des objets dont le maniement permet d'un seul geste d'agripper un morceau de paradis. Pour les petits, il y a ces images simples, qui illustrent des conseils tels que : « Ne lis pas le Coran en regardant la télévision », ou

« Ne jette pas le Coran à la poubelle », ce qui pourtant paraît aller de soi. Pour ceux qui se promettent de faire mieux à l'avenir que dans le passé qui vient de s'achever à l'instant, il y a le calendrier des fêtes et des heures de prière pour les mois à venir. Pour ceux qui se décideraient à rechercher d'où ils viennent et, peut-être, à comprendre les paroles de la prière, on recommandera « Apprendre l'arabe en français ». Et pour leurs petits frères, une machine en plastique qui dit les lettres de l'alphabet arabe quand on presse le bouton sur lequel elles figurent. Ou encore, variante un peu plus sophistiquée, le puzzle qui, une fois correctement assemblé, révèle l'intégralité de l'alphabet. Les marchands proposent évidemment de multiples éditions du Coran, de format, d'épaisseur et d'enluminures diverses. Et pour ceux qui voudraient aller un peu au-delà de la lecture et de l'apprentissage des sourates du Livre saint, ils présentent des ouvrages sur la vie des différents prophètes. Pour ceux, enfin, qui désireraient donner à leur foi un aspect plus vindicatif, on ne saurait trop recommander l'opuscule titré *Jésus-Christ a-t-il été vraiment crucifié?*

Bien sûr, le client ne peut négliger les cassettes où des prédicateurs célèbres psalmodient des versets du Livre. Cela fait partie de l'attirail de toutes les religions. Ce travail de déclamation peut être après tout présenté par certains comme l'équivalent des chants grégoriens. Et ceux qui l'écoutent y trouvent sans aucun doute la même combinaison de plaisir esthétique et d'imprégnation religieuse.

Pourtant, avant de passer à une autre partie du marché, il me faut signaler la pièce maîtresse de ce bric-à-brac bondieusard : le réveille-matin en forme de mosquée dans lequel la sonnerie habituelle a été remplacée par un enregistrement de l'appel à la prière. Comique et enfantin aux yeux de beaucoup mais, aux oreilles des fidèles, peut-être est-il plus plaisant d'être tiré du sommeil par ce genre d'exhortation que par le grelot métallique qui incite à détruire d'un geste excédé l'objet duquel il émane.

Après cette étape obligée dans le « mini-market de la foi » – station dont je veux dire qu'elle n'a provoqué chez les marchands et les gardiens de la prière qui les entourent aucune hostilité à mon égard, pas même de suspicion exagérée alors qu'elle n'était évidemment motivée que par la curiosité –, on pénètre dans la partie commune à tous les marchés de France.

Plus que dans beaucoup d'autres de ces bazars, vous y entendrez la langue arabe ou, plus exactement, les mots communs à la plupart des dialectes maghrébins. Algériens, Marocains et Tunisiens ne sont pas majoritaires à Clichy, mais ce sont eux qui tiennent presque tous les commerces du marché. Les chalands viennent eux aussi de la rive méridionale de la Méditerranée, mais les berges orientales sont également bien représentées, avec des acheteurs turcs et quelques marchands égyptiens. La foule est compacte, affairée et pourtant ni agacée ni agressive, comme elle peut l'être au cœur des villes. Les générations s'y côtoient le samedi, et même le mercredi en période de vacances scolaires. Le marché est un lieu de réunion, de rencontre. On y vient en famille, comme cela se fait souvent ailleurs, le samedi, dans les grandes surfaces de la périphérie. Entre la grand-mère, qui n'entend que quelques mots de français et ne le parle guère, qui n'a pas changé de tenue depuis qu'elle a quitté le bled, et l'adolescente moulée dans son jean, crinière bouclée au vent qui souffle toujours sur le haut de Clichy, il n'y a, à première vue, pas beaucoup de points communs. Entre les grands-mères « blédardes » et les petites-filles, dont la plupart entendent démontrer par leur habillement qu'elles sont émancipées, la génération intermédiaire, celle des mamans, porte très souvent le foulard qui couvre les cheveux et enveloppe la tête jusqu'à cacher le cou. Cela se fait sans gêne ni provocation. Mais il arrive aussi que, dans ce fourmillement plutôt gai, une ombre passe, celle d'une femme drapée de la tête aux pieds, dont on ne peut apercevoir le visage et qui, elle-même, ne voit la foule qu'à travers ce que d'autres femmes appellent un grillage. La *burqa* afghane a fait son apparition à Clichy-sous-Bois, comme dans plusieurs autres villes de France, il y a trois ou quatre ans.

Cette description de la vêture féminine, indispensable car elle est après tout une des caractéristiques de cette ville, donnerait toutefois, si l'on en restait là, une fausse impression de l'ambiance du marché. Certes, on y apostrophe le client que l'on connaît dans son dialecte, mais l'immense majorité des transactions se font en français. Et c'est systématiquement dans cette langue que sont annoncés les prix. Enfin, si la majorité du public est nord-africaine ou turque, il s'y mêle beaucoup de visages colorés ainsi que, en nombre plus limité, ceux de « Français de souche », dont la souche est à vrai dire assez souvent portugaise ou italienne. Les « Français de souche » au patronyme gaulois habitent le plus souvent le bas de la ville ou les petites résidences qui s'étalent en bordure de la forêt. Mais au contraire des fantasmes les plus extrêmes que font parfois naître le seul mot de banlieue, rien n'est plus paisible, courtois et même joyeux que cette assemblée. Le moindre soupçon de bousculade suscite aussitôt des excuses dont on se dispense le plus souvent dans la foule parisienne du métro ou des boulevards. Est-ce par hantise de confirmer l'exécrable réputation de la ville ? En partie peut-être. Est-ce par crainte de susciter une réaction brutale dans un environnement où, à d'autres heures et en d'autres lieux, la violence est présente ? Certainement. Mais il me semble qu'il s'agit surtout d'une volonté de ne pas gâcher par maladresse un moment de grâce dans une semaine qui n'en fournit pas beaucoup. Cet air de bonheur, cette bonhomie expansive pour les uns, cet empressement réservé pour les autres sont encore attisés par les prix qui s'annoncent à grands cris sur le marché. « Allez l'orange ! Moins chère que partout, l'orange ! Trois kilos pour trois euros ! » Et plus loin : « La tomate ! Pour deux euros soixante-quinze, vous en avez trois kilos ! » Les poivrons s'affichent à un prix à peine plus élevé. Vous en trouverez à trois euros les deux kilos. Plus étonnant encore, l'étalage de jeans qui se vendent, suivant les cas, entre cinq et neuf euros. Mais peut-être ai-je découvert dans une cour l'affaire la meilleure ou la pire en fonction de l'état mécanique de l'article : des montres, garanties par le sigle CE, vendues cinq euros. Le prix m'en fut chuchoté par le Cambodgien d'allure misérable qui les présentait sur une boîte en carton empruntée à un commerçant en fruits et légumes. Ces miracles de l'industrie horlogère reposaient le temps de la vente sur un emballage de dattes en provenance de Tunisie. Tout cela s'échange au grand jour, chaque mercredi et chaque samedi, à quelques dizaines de mètres du poste de police installé dans une tour qui, autrefois orgueilleuse, n'abrite plus que quelques services sociaux au rez-de-chaussée, et dont les étages supérieurs désespérément vides se lassent d'annoncer « bureaux à louer ». Personne ici ne paraît craindre ni intervention des forces de l'ordre, ni saisie d'une marchandise dont il serait dans certains cas intéressant de déterminer l'origine.

Le marché de Clichy, comme d'autres, peut-être, dans d'autres villes déshéritées des banlieues, est la parfaite illustration de cette équation qui permet à cette population de survivre et à la société urbaine de se désintéresser de son sort : « Débrouille-toi comme tu le peux. Si tu ne me déranges pas, je n'irai pas te chercher noise. »

Il fut un temps, qui n'a pas plus d'un siècle, où le dimanche, dans les villages, les hommes laissaient leur femme à la porte de l'église pour aller avaler un vin cuit au comptoir. Le marché du samedi est une version plus actuelle de ce que fut cette coutume. Ce jour-là, le salon de thé-café-PMU est envahi de mâles un moment désœuvrés, qui y procèdent avec régularité à des mondanités hebdomadaires agrémentées d'une boisson chaude au prix unique d'un euro. Là plus qu'ailleurs les rencontres sont chaleureuses et sonores. On s'y retrouve autour d'une partie de cartes dont quatre personnes seulement sont les acteurs principaux, mais chacun des joueurs est entouré de conseillers qui, d'un doigt discret ou d'un avis susurré à l'oreille, indiquent ce qui est, à leur avis, la meilleure carte. Il arrive que, dans le feu de la partie, le conseilleur subisse le courroux du joueur dépité de l'avoir écouté, mais cela n'a d'autre conséquence, dans le pire des cas, que de voir le conseilleur s'éloigner, aussitôt remplacé par un troisième avide de participer au jeu. Jeu : cela s'entend dans tous les sens. Car, en apparence du moins, l'argent n'est pas la motivation essentielle de cet échange. On rit, on crie, on fume, on s'embrasse parfois, on se moque un moment, mais pas trop longtemps, on se montre et, ainsi, on démontre à soi et aux autres qu'on est bien membre d'une même communauté. Peut-être, quand la partie est finie, les comptes se règlent-ils à l'abri d'un escalier ou d'un appartement. Mais, dans le café-« salon de thé », dans les courants d'air des portes qui s'ouvrent sans cesse, sous les images diffusées par les télévisions du monde entier et dans les effluves rances des cigarettes, l'allégresse du moment l'emporte sur tout le reste.

Je vous l'affirme : vous, qui n'êtes pas de ce monde, vous pouvez entrer sans crainte dans le café. Vous n'y êtes pas chez vous, à la différence de ceux qui vous entourent, mais vous n'y subirez pas d'hostilité. De la méfiance seulement. Allez directement au comptoir, commandez votre thé ou votre café, que vous emporterez, si vous en découvrez une, à une table libre. Là, il faudra trouver à vous occuper, faute de quoi vous sentirez peut-être la suspicion s'appesantir sur vous. C'est pourquoi je suis toujours entré là avec un journal. Si vous parvenez ainsi à faire comprendre que vous n'êtes ni journaliste ni policier, vous serez aimablement toléré. Et si, à l'occasion, un des acteurs de cette représentation hebdomadaire heurte votre table ou votre chaise, il s'en excusera promptement. Quand vous sortirez de l'établissement, personne ne semblera vous remarquer, mais la table que vous teniez seul, sans que personne ait jamais fait mine de s'y asseoir, sera aussitôt occupée par trois ou quatre clients qui paraissaient jusque-là n'avoir d'autre souci que de rester appuyés au bar.

Dehors, il ventera, car il vente toujours sur les hauts de Clichy, et, l'hiver, ce souffle vous glace les mains et vous pénètre la chair. Vous entendrez à nouveau les cris des marchands, vous observerez le moutonnement des foulards et des capuches piqueté irrégulièrement de crinières brunes ou noires, crépues ou nattées. Mais c'est seulement en vous éloignant du cœur de l'activité, en contournant les véhicules stationnés ou abandonnés à jamais au pied des barres qui encadrent l'allée Anatole-France, que vous pourrez observer ceux qui ne fréquentent pas le marché, des adolescents et quelques-uns de leurs grands frères. Mais ils ne seront pas nombreux. En cette fin de matinée, la plupart d'entre eux sont encore au fond du lit où ils se sont traînés aux petites heures. Peut-être en émergeront-ils quand la mère, rentrée du marché, aura fini de préparer le déjeuner, en faisant comprendre que leur présence à table est une grâce qu'ils accordent à leur famille en l'accompagnant de maugréments endormis

Tournez-vous un instant vers l'est, et vous jouirez du spectacle le plus absurde du plan de rénovation de la ville. Devant vous, vous verrez s'allonger un interminable bâtiment à la peinture écaillée, au rez-dechaussée muré, aux grilles rouillées et aux baies éclatées. Celui-là est promis à une démolition prochaine. Il a été décidé que la vie des « résidents » ne valait plus la peine de s'y poursuivre. Dans un grand fracas d'explosions, dans le grondement des bulldozers, il va être bientôt détruit. Déjà, les habitants en ont été évacués et les autorités ont pris soin qu'il ne puisse pas être envahi par des occupants illégaux. Cette « barre » a été condamnée. Ses issues sont obstruées. Elle ne servira plus qu'à fournir les images télévisuelles de son exécution à un public prié de voir là la preuve que, plus jamais, aucune erreur de cette sorte ne sera rééditée. Mais si vous avez la curiosité de lever un peu les yeux, vous aurez la preuve bétonnée que cette promesse ne sera pas intégralement tenue. Un peu en retrait, s'élèvent des tours immaculées, resplendissantes dans le soleil d'hiver. Marchez un peu, contournez le bâtiment destiné à disparaître, et les voilà ! Approchez-vous, vous pourrez constater qu'elles ont bénéficié récemment de jolis coups de peinture. Encore plus près, et vous connaîtrez une petite déception. La porte d'entrée est munie d'un boîtier sur lequel le visiteur doit, en principe, composer un code. Précaution dérisoire dans une construction qui se compose de plusieurs dizaines d'appartements. De toute façon, le code ne sert à rien puisque la porte ne ferme plus. Le hall d'entrée est plus propre qu'ailleurs. Les logements ont été rénovés. Pour un temps, il n'y a plus d'occupants indésirables. Mais le bâtiment n'a pas changé dans sa structure, ceux qui y logent ne sont pas différents, l'environnement est le même et les conditions économiques analogues. La mixité sociale n'y existe pas plus qu'auparavant. Pourquoi donc, dans ces conditions, les mêmes causes ne produiraient-elles pas les mêmes effets ? Quelques couches de peinture peuvent-elles faire disparaître ce qu'il y eut d'illusion ou d'imposture dans ce projet d'urbanisme ? Les architectes, les administrateurs, les élus, les gouvernants qui furent responsables de ces monstruosités seront-ils réhabilités à si bon compte ? Et pourquoi ceux qui s'affairent aujourd'hui à redessiner la ville et la vie veulent-ils croire qu'il suffit d'un peu de maquillage pour que le monde change ?

Ces questions, peut-être injustes dans leur formulation, se bousculaient dans ma tête à l'occasion du premier contact avec le haut de la ville. Elles ne connaîtront de réponse que lorsque les architectes prétentieux, les urbanistes incompétents, les élus irresponsables, les administrateurs arrogants, les gouvernants insouciants se seront livrés à une confession publique et collective, pour que la société française, devant cet aveu généralisé, admette qu'elle est aussi pour quelque chose dans ce naufrage.

La promenade et l'heure qui s'avance, le fait aussi de n'avoir pas de réponse aux questions qu'on se pose n'offrent qu'une issue : s'installer quelque part pour manger. Retour, donc, aux lisières du marché, où une gargote turque m'est apparue tout à l'heure sinon luxueuse du moins accueillante. Au passage, j'achète pour quatre-vingts centimes de clémentines, car j'ai bien noté que si, en devanture, on aperçoit quelques pâtisseries, celles-ci ne paraissent pas très appétissantes. L'accueil est aimable, dépourvu de cette suspicion qui peut se manifester ailleurs, dans la ville, quand un inconnu pénètre dans un lieu public. La viande du *döner kebab* tourne sur la broche. C'est à moi, peut-être de façon injuste, d'être méfiant (un inspecteur de la sécurité alimentaire me confirmera quelques semaines plus tard que la viande exposée sur le marché ne procure aucune garantie, et que, dans certains cas, les conditions d'abattage et de découpe laissent souvent à désirer). À la fréquentation des petits restaurants tenus soit par des Turcs musulmans, soit par des chrétiens assyro-chaldéens, j'apprendrai à écarter beaucoup de ces craintes. Mais aujourd'hui, pour ce premier contact avec la restauration du lieu, je préfère commander une brochette de poulet, qui m'arrivera accompagnée de frites, de tomates et d'oignons.

Tout en déjeunant, j'engage le dialogue avec un des tenanciers. Je me suis procuré un des livres édités aux frais de la municipalité quand celle-ci était tenue par le parti communiste, et qui présente, photos et cartes postales à l'appui, ce qu'était la commune « quand Clichy était encore un village ». L'homme contemple avec stupéfaction ces images d'un autre temps. Il faut dire qu'on peine à imaginer aujourd'hui que ce lieu naquit de l'implantation de quelques grandes demeures, érigées dans la forêt de Bondy et autour desquelles, quand elles n'étaient pas construites au cœur d'une clairière, on défrichait les bois pour en faire des parcs. De ces châteaux, pavillons de plaisir ou de chasse, gentilhommières cachées dans les bois, de ces logements destinés à la domesticité, modestement érigés à l'ombre de la résidence des maîtres, de ces écuries et de ces étables sises en bordure de la forêt, il ne reste évidemment rien ou presque : une grille majestueuse et ouvragée, qui fut celle du château de la Terrasse et qui ne protège plus que quelques bâtiments en mauvais état et la mairie, édifice à l'architecture agréable, construit au XVIIe siècle, mais tellement différent de son environnement qu'il en apparaît incongru.

D'autant que si, en face de ce château, subsiste une orangerie, témoin des gloires et de la richesse qui se sont déployées là, l'« Espace 93 », érigé beaucoup plus récemment et qu'en d'autres lieux et d'autres temps on aurait nommé salle des fêtes, oppose son béton grisâtre et ses formes déplaisantes, à la pierre blanche des carrières locales et au revêtement vieux rose du bâtiment principal.

Clichy porte aujourd'hui toutes les tares de l'architecture des années 1960-70, et s'est acharné depuis l'entre-deux-guerres à faire disparaître les traces d'un passé qui marqua l'histoire de France. Le site dominait Paris et pouvait commander la capitale. Les Templiers l'avaient compris, qui y érigèrent précisément une de leurs premières commanderies. Le château de La Pelouse servit de rendez-vous de chasse au duc d'Orléans. Ni Kellermann, le vainqueur de Valmy, ni Alexandre, tsar de toutes les Russies, qui, en 1814, s'apprêtait à prendre Paris, ni l'état-major prussien pendant la guerre de 1870 ne s'y trompèrent. De la terrasse du château qui porte le même nom, ils conduisirent les opérations destinées à conquérir ou à défendre la capitale.

Ces images et le texte que je lui lisais laissaient mon tenancier incrédule. On parlait là d'un autre temps, presque d'un autre univers. Il lui apparaissait visiblement douteux que ces bâtiments étranges eussent pu être édifiés à quelques centaines de mètres du marché, comme je m'évertuais à le lui expliquer. Il était allé à Paris, il avait visité Versailles, me disait-il : « À Paris, Notre-Dame, la cathédrale, et à Versailles, le château, ils sont toujours là. C'est quoi, ces photos là ? » Au fond, ce qui lui semblait le plus curieux, c'était les cartes postales qui reproduisaient des scènes de la vie à Clichy au début du XXe siècle. Au café-billard-restaurant Charbonnel, nommé Au repos de la montagne, on logeait encore les voyageurs à pied et à cheval – cheval inclus évidemment. La mairie et l'école étaient installées dans le même bâtiment, et les enfants de l'instituteur, qui posaient devant la façade, portaient filet à papillons et chapeau de paille. Sur la route de Livry, les habitants du village posaient pour la photo, l'opérateur les ayant habilement dispersés pour donner à leur groupe plus de naturel. Un homme en casquette n'hésitait pas à se présenter le goulot d'une bouteille à sa bouche. Peut-être s'agissait-il du petit vin blanc de Clichy, qui avait, dans les environs, une certaine réputation. Au second plan, les ménagères, dans des poses un peu convenues et le regard braqué sur l'objectif, portaient toutes sur leurs jupes longues un tablier blanc, tandis que les enfants étaient en chaussettes montantes et culottes courtes. Au bas de l'escalier d'un estaminet, des hommes en blouse avaient installé une table à même la rue, ce qui paraissait indiquer que le trafic, qu'il s'agisse de celui des voitures à cheval ou des premières automobiles, ne devait pas être très intense. Cette fois, le tenancier crut reconnaître des scènes analogues à celles qu'il avait vécues, enfant, dans son village d'Anatolie. Mais quand, en consultant le plan de la commune, je lui expliquai où se trouvait située la petite agglomération qui n'abritait guère plus de trois cents habitants, il me considéra de nouveau avec scepticisme, tant il est vrai qu'en dehors de la grille du château rien ne subsiste des constructions de cette époque. Et quand je me risquai, sur la base des mêmes éléments, à lui affirmer que le quartier Anatole-France, où nous étions, se trouvait autrefois au cœur même de la forêt de Bondy, il eut un regard dans lequel je lus le soupçon que je me moquais de lui. Après cela, il affirma qu'il était urgent pour lui de reprendre son poste de travail. Et comme deux clients attendaient la confection d'un « sandwich grec », il ne me fut pas possible de le retenir. Il était clair que j'avais perdu sa confiance : j'avais tenté de le moquer, ou alors mon esprit était un peu dérangé.

De fait, Clichy a peu de passé, et le peu qu'il a est enfoui dans le béton. Il faisait froid dans ce tout petit restaurant, et je devais rester emmitouflé dans mon manteau et mon écharpe pour ne pas frissonner, mais l'atmosphère n'en était pas pour autant déplaisante. J'étais installé près d'une porte vers laquelle se dirigeaient visiteurs et clients de l'établissement. Il m'arrivait d'échanger trois mots avec eux, mais le dialogue n'allait jamais au-delà. Je n'y parvenais pas, ou je m'y prenais mal, ou la suspicion se manifestait sans même que je m'en rende compte.

Trois jeunes gens s'assirent à une table voisine de la mienne et engagèrent une conversation animée, alternativement en français et dans une langue étrangère. Je ne retins de ce dialogue que cette interjection qui revenait fréquemment : « Par le Coran ! » Nous échangeâmes des regards, que je voulus souriants mais qui, de leur part, étaient plutôt furtifs. Alors, ayant depuis quelques minutes achevé mon plat et m'étant assuré auprès d'un des tenanciers que l'établissement ne servait pas de café, n'ayant plus aucun prétexte pour occuper ma table, je me levai et, au passage, saluai les trois jeunes gens d'un « Bonjour ! » qui n'eut pour réponse qu'un grognement vaguement approbateur.

« Puis-je vous parler ? », demandai-je au groupe sans m'adresser spécifiquement à aucun d'entre eux.

La réponse ne se fit pas attendre, et elle fut sans ambiguïté :

« Non », fit le plus grand.

Je tentai de passer outre le refus en ajoutant :

« Je suis là pour plusieurs semaines.

– C'est bien », répliqua le même en plongeant le nez dans son assiette.

Je n'insistai évidemment pas. J'avais compris, un peu tard sans doute, que toutes mes tentatives d'approche seraient vouées à l'échec si je n'étais pas capable de les faire précéder ou accompagner, ce qui serait évidemment plus efficace, par un des leaders de la tribu. Je payai les sept euros dix pour la brochette de poulet et une boisson sans alcool, et retournai à la rue.

Nouveau départ

J'ai été sot. Et prétentieux. J'ai cru que, comme à Tintin, la chance allait me sourire et que, sur ma mine d'écrivain plein de bonne volonté, chacun allait me raconter son histoire, simplement parce que tout le monde a besoin de parler, de se faire plaindre, de se justifier d'être là et de ne pas en être sorti, de n'avoir pas réussi à obtenir un emploi, de ne pas s'être intégré à la société française.

Eh bien, ce n'est pas ça !

J'ai dit, j'ai répété à chaque occasion devant tous ceux que j'ai rencontrés que je ne travaillais pas comme les autres, comme ces journalistes (qui sont mes confrères, ce que je tente de cacher aux plus jeunes) qui viennent un jour et repartent à l'issue de leur reportage, retournent coucher à Paris et reviendront peut-être le lendemain pour saisir un autre aspect, mais un aspect seulement, de la réalité. Je ne les ai pas désavoués, j'ai tenté d'expliquer la difficulté du travail qu'on leur demande. J'ai même dit aux plus âgés, quand ils m'ont reconnu, que, dans un passé qui n'est pas si éloigné, j'avais, sur d'autres terrains, agi de la même manière, car tel était aujourd'hui l'impératif qui s'imposait à ce métier. Se précipiter là où s'est produit un événement, le vivre avec les acteurs ou les victimes, et en transmettre aussitôt les images et les sensations pour la prochaine édition. S'en retourner, et revenir si l'action se prolonge en exploitant le spectacle. Trouver les participants qui en donneront l'expression la plus extrême, qu'ils soient flics ou émeutiers, racailles ou ministres. Et escompter, car ce jeu n'est pas forcément malhonnête, que l'addition des drames, des souffrances, des rancunes, des imprécations et des lamentations finira, édition après édition, par constituer le tableau d'une réalité complexe et contradictoire.

Mais ce n'est pas vrai. Dans ce défilé incohérent où le bon flic succède au sauvageon exaspéré, où la vision d'une famille éplorée précède une scène de tabassage, chacun, lecteur, téléspectateur, auditeur, retiendra la fraction de réalité qui lui permettra de s'ancrer dans ses convictions préétablies. Je dis à tous ceux que j'approche que je voudrais, par ce livre, brosser un tableau aussi exact que possible à l'usage de ceux qui, pas plus que moi, ne connaissent ni ces cités (cécité), ni la vie qu'on y mène quand la guerre n'y est pas déclarée.

Avec plus ou moins d'habileté, plus ou moins de conviction, car on se lasse de répéter sans cesse la même chose, j'ai tenté de faire passer ce message. On m'a écouté, rarement jusqu'au terme de mon raisonnement, on a fait mine de comprendre, mais souvent je me suis heurté à la question : « Et qu'est-ce que j'ai à y gagner ? » À laquelle je répondais : « Rien. Vous n'avez rien à y gagner. La réalité, peut-être, un peu. Et encore, si tout va bien. Je ne veux tromper personne. »

L'accueil a été rarement hostile, mais le scepticisme l'a souvent emporté ; les rendez-vous, parfois, n'ont pas été acceptés et, s'ils l'ont été, ils n'ont pas toujours été honorés.

Je dois retourner à ma première inspiration. Le livre ne se fera pas, je ne pénétrerai pas Clichy sans l'aide de ceux qui y travaillent et sont connus de la population qui y vit.

Retour à la case départ.

Le 7 décembre 2005, j'avais rendez-vous à la mairie avec les représentants des associations et ceux de certains des services de la municipalité qui aident, sur le terrain, dans les cités, la vie à se perpétuer de façon tolérable. Ce matin-là, à la station Odéon, je me suis enfoncé sous terre.

L'itinéraire est le même mais, jour après jour, on apprend à regarder. Noël approche, les sacs en papier ou en plastique encombrent les sièges du métro et du RER. Le public n'est pas exactement identique d'un voyage à l'autre. Cette fois, quelques originalités. À la station Réaumur-Sébastopol, j'ai l'impression que c'est le monde entier qui pénètre dans mon wagon. Des Noirs très noirs, coiffés de curieux petits chapeaux ronds, brodés, comme je n'en avais pas encore vu, qui parlent une langue pleine de sonorités inconnues. Peut-être de l'Afrique de l'Est ? Une mère et sa fille, blondes l'une et l'autre, dans la conversation desquelles je crois reconnaître les intonations du russe. Une mère maghrébine au foulard discret, qui dispense en français des recommandations à deux enfants turbulents. Les poussettes et les cadeaux se bousculent.

Gare du Nord, en attendant le RER, je m'assieds à côté d'une Africaine replète et souriante. Elle va à Montfermeil, où elle a de la famille. Elle vient d'Évry, loin au sud de Paris, navigant de RER en RER. Montfermeil et Clichy sont contigus, mais elle n'a jamais entendu parler de la ville où je me rends. Pas même depuis que les émeutes s'y sont déclenchées. Elle ne connaît pas Paris, qu'elle ne traverse jamais que dans son sous-sol.

À bord du train, les Européennes sont aussi blanchies que cela peut se faire. Les brunes ont toutes des mèches blondes. La principale occupation de ces messieurs-dames, quelle que soit leur couleur de peau, c'est de chouchouter leur téléphone portable. On le contemple, on le caresse, on consulte interminablement la liste des appels passés et reçus. On joue peut-être à des jeux électroniques. On se demande, en tout cas, ce qu'on pourrait lui faire faire sans dépenser d'argent en communication. Deux jeunes gens ont une conversation animée dans une langue inconnue. Je me risque à interroger :

« Que parlez-vous ? »

Ils ne sont pas vexés mais un peu méfiants.

« C'est pourquoi ?

– Juste pour savoir.

– Du turc. »

Je remercie. Ils sont plus ou moins satisfaits d'avoir été ainsi questionnés, mais pas agressifs pour autant. Je me déplace un peu. Deux jeunes – encore des jeunes ! – Noirs échangent des propos assez bruyants. Moitié en français, moitié dans un langage africain.

« C'est du ouolof ! », confirme l'un des deux.

Je me risque :

« Vous n'iriez pas à Clichy ?

– Si.

– J'écris un livre sur la ville. Ça m'intéresserait de vous revoir. »

Obligeance étonnante, Hassan, qui est, dit-il, sénégalais, me donne son numéro de téléphone. Par une chance totalement inattendue, je viens de ferrer un très gros poisson. Hassan me conduira à Régis, Régis à Georges et, de là, je rencontrerai Christophe. C'est un réseau de « grands frères » qui, après avoir « galéré », s'efforcent de ramener ou de maintenir les « petits » sur la voie étroite qui permet de ne pas déraper dans l'illégalité à vie.

Au retour, c'est madame K. qui s'adressera à moi parce qu'elle a reconnu un visage autrefois aperçu à la télévision, au milieu, j'imagine, d'un grand fatras de souvenirs confus. Elle aussi habite Clichy. Ces deux rencontres m'aideront beaucoup par la suite.

À la gare du Raincy-Villemomble-Montfermeil, j'attends Ali. La mairie est encore pleine de sollicitude pour mon entreprise. On va me véhiculer jusqu'en ville.

Un jeune Noir (est-il encore utile de dire Noir ? Ils sont tant à l'être) apparaît juché sur un vélo somptueux. Je lui demande où il le gare.

« Dans la rue.

– Mais vous n'avez pas peur qu'on vous le vole ?

– Non, j'habite Villemomble ; c'est très tranquille. »

Moi, je vais à Clichy. D'ailleurs, mon chauffeur est arrivé. Arrivé en France il y a sept ans seulement en provenance du Maroc, mais son français est excellent.

L'hôtel de ville est un bel endroit, apparemment sauvé de justesse de la ruine. Il porte encore ici et là quelques traces de sa splendeur passée, mais sa transformation en bureaux d'une municipalité peu argentée ne laisse apparaître que quelques marques de sa destination première de château.

La directrice du Centre social de la Dhuys, la directrice du foyer des personnes âgées, l'adjointe en charge des établissements d'enseignement et le directeur du Pôle de développement social pour l'habitat sont là à m'attendre. Tous sont « de souche », comme l'est la quasi-totalité du conseil municipal. Et très disposés à me faciliter la tâche, comme ils me le démontreront par la suite. Tout va bien. Jusque-là.

Mon seul problème – je le découvrirai assez vite – est de ne pas me laisser envelopper dans cette bienveillance municipale. Claude Dilain est un excellent maire, semble-t-il, mais c'est aussi un politique. Je serai vite impressionné par le flot d'éloges sur sa personne qui se déverse sur moi dès que j'évoque son nom, même venant d'hommes ou de femmes qui affirment ne pas voter pour lui. Mais je constaterai aussi que, dès que l'on s'adresse à un représentant d'une communauté ou d'une association, vient immédiatement la question : « Le maire est-il au courant ? » Et, quand elle ne vient pas spontanément, je découvrirai que beaucoup, avant de me donner leur accord définitif pour me rencontrer, téléphoneront à la mairie pour s'assurer que ce livre se fait bien en accord avec lui.

C'est pourquoi les rencontres faites au hasard dans le RER furent aussi précieuses, qui me permirent, de Hassan en Régis, puis de Régis en Georges et de Georges en Christophe, ou de madame K en Oumar et d'Oumar en Décibel, de connaître une réalité qui n'avait pas de lien avec les institutions officielles.

Claude Dilain est aimé de la grande majorité de la population. Il n'y a pas de doute là-dessus. En tant que pédiatre, il a soigné nombre de ces enfants qui aujourd'hui sont des femmes ou de jeunes hommes. Il a su conseiller et consoler les mamans, et elles lui en gardent beaucoup de reconnaissance. Mais c'est aussi un politique, qui sait, avec talent, entretenir le maillage serré qu'il a tissé sur sa commune. Clichy-sous-Bois est pauvre. Claude Dilain s'en est emparé alors que la ville avait été ruinée, endettée, mise sous tutelle à la suite des errements de son prédécesseur. Il n'en demeure pas moins que c'est le maire qui détient le pouvoir et l'argent. Clichy n'a rien d'une ville classique : elle n'a pas de centre, les quartiers et les cités y vivent de façon autonome. Il n'empêche que tout le monde s'y connaît. Risquer la colère d'un maire puissant sur son territoire et apprécié de la plupart de ses administrés est une audace que bien peu d'entre eux oseront. Pour qu'ils s'y hasardent, il faut acquérir leur confiance jour après jour.

De ce jour, j'ai donc moi aussi, dans la mesure où elle pouvait être accordée à un nouveau venu – mais à un nouveau venu qui s'incrustait dans la réalité clichoise –, gagné laborieusement un peu de confiance chez les uns et les autres chaque fois qu'ils acceptaient de me recevoir.

J'ai pris grand soin de ne trahir personne, c'est pourquoi bien peu de noms apparaîtront dans ce récit ; aucun, en dehors de ceux qui m'en auront donné l'autorisation explicite.

La MOUS

Comme beaucoup d'appartements de La Forestière, celui où s'est établie la MOUS est protégé par une porte blindée. L'équipement des bureaux est sommaire, et le mobilier de récupération ne saurait susciter beaucoup de convoitise ; il en va différemment des deux ordinateurs. Les fenêtres sont protégées d'épaisses grilles métalliques. Mais, quelques jours plus tard, je découvrirai en rendant visite au représentant de la communauté turque, qui tient un petit bureau d'intermédiation, que cela ne peut suffire à dissuader des cambrioleurs audacieux. Ses grilles à lui ont été sectionnées à la scie à métaux, et ses ordinateurs emportés par des individus qui ne se sont pas inquiétés du vacarme que leur intrusion, effectuée à l'aide d'instruments bruyants, pouvait provoquer.

La petite équipe de la MOUS, dont j'apprendrai à connaître quelques-uns des acteurs, est à l'image des résidents de La Forestière, originaire d'Afrique du Nord, juive ou musulmane, d'Afrique noire ou de Turquie. Mais il y a Turc et Turc, on vous le fait savoir. Les Chaldéens, ces chrétiens d'Orient, fidèles à Rome, qui, dans leur éloignement de la communauté catholique, se veulent et sont différents du reste de la population d'Anatolie, vous le précisent aussitôt. Tout comme les Kurdes, même si de la part de ces derniers la confidence vient un peu plus tard.

Joseph présente mon projet de façon favorable, mais l'accueil n'est pas unanimement chaleureux. J'ai droit, de la part d'un animateur dont je reconnaîtrai par la suite la compétence, à un développement assez théâtral, qui s'achève par un très définitif :

« Vous êtes ici pour instrumentaliser les habitants ! Vous allez les instrumentaliser ! »

J'avoue sans honte mal comprendre ce vocabulaire sociologique dans lequel je crois découvrir une note d'idéologie. Je dis que je suis venu à Clichy pour comprendre. Je répète encore et encore que, comme l'immense majorité des gens de notre pays, je ne connais rien à la vie dans ce genre de banlieue, que je me lance à la découverte, que je n'ai ni préjugé ni explication pêchée dans les livres et que, c'est vrai, on ne peut faire confiance qu'à ma bonne foi.

Ces phrases simples calment un peu la colère qui s'exprimait, mais la méfiance subsiste. Cette méfiance, je la retrouverai à chaque détour de mon chemin, à chaque rencontre auprès des gamins rebelles et destructeurs, comme auprès des policiers, auprès des religieux comme auprès de certains responsables communautaires. L'impression qui prévaut ici est que les choses allaient en s'améliorant à Clichy jusqu'à ce que les journalistes, amenés par les émeutes, ne donnent une image caricaturale de la ville.

Il y a dans cette réaction assez généralisée beaucoup d'incompréhension entre deux mondes qui s'ignorent et qui, dans un premier temps, ne cherchent pas à s'entendre. On y perçoit un « laissez-nous tranquilles ! » qui s'entrechoque avec un « essayez de nous comprendre », qui, celui-là, ne s'avoue pas. Par fierté. En somme, une sorte de refus d'être assisté, qui entre en collision avec un besoin d'être aidé que l'on ne veut pas exprimer tel quel.

Mais, chaque fois, à cette méfiance, succédera, dans un délai plus ou moins long selon les circonstances, l'âge ou l'origine géographique, le plaisir de pouvoir s'exprimer et l'espoir d'être enfin pris pour ce que l'on est.

À la MOUS, c'est d'accord, chacun m'aidera. J'ai demandé et obtenu d'aller à la rencontre des plus isolés, des plus petits, des plus perdus.

Réunion de quartier

Ce soir, il y a réunion de quartier au Chêne-Pointu, là où les émeutes ont été le plus violentes, là où beaucoup de voitures ont brûlé. Dans une salle de classe, on a rassemblé des chaises et préparé un buffet composé de quelques bouteilles de Coca-Cola et de trois paquets de biscuits. La pièce paraît trop vaste pour qu'un enseignement y soit dispensé. Pourtant, sur un mur, une fresque enfantine proclame : « Joyeux Noël à tous ! », Père Noël à l'appui ; un sapin décoré de quelques guirlandes scintille mollement. C'est à dix-neuf heures trente que la séance est supposée commencer, mais à cette heure-là l'assistance est encore clairsemée. Je ne crois pas pouvoir compter plus d'une quarantaine de personnes. Le maire, son premier adjoint et le directeur des services généraux patientent un quart d'heure encore, tandis que la salle continue de se remplir. Tous trois sont vêtus de costumes sans fantaisie. Ils portent chemise et cravate, ce qui n'est le cas d'aucun de ceux qui leur font face, qu'ils soient « Français de souche », Africains ou Asiatiques. Dans cette petite foule, les femmes sont plus soignées que les hommes, et les Africaines apportent visiblement beaucoup d'attention à leur toilette.

Après un bref discours d'introduction du maire, qui évoque les priorités de la municipalité – « Premièrement, évidemment, retour au calme ; deuxièmement, contrebalancer l'image négative donnée de Clichy, sur les médias, par des voitures qui flambent ; troisièmement, et maintenant ? » –, une Africaine prend la parole de façon un peu emphatique et déclamatoire, mais résume la situation telle qu'elle est perçue par beaucoup. Drapée dans un manteau rouge, coiffée d'un béret violet, son écharpe à la main pour souligner ses gestes, la dame commence sa harangue par des remerciements au maire, puis elle aborde quelques thèmes qu'elle développera longuement. En voici les phrases clés, telles qu'elles ont été prononcées au mot près.

« Le fait de brûler des voitures a causé des préjudices à des gens qui en avaient besoin pour se déplacer. Beaucoup de familles, du coup, se trouvent en difficulté. Certains ont perdu leur emploi ;

– Il y a un manque de respect pour les infrastructures et l'être humain ;

– Il faut rétablir l'instruction civique à l'école ; la morale a été abolie ; le service militaire a disparu.

– La conjoncture économique ne se prête pas à l'embauche

– Quelqu'un qui est occupé au travail n'a pas le temps de faire des bêtises ailleurs ;

– Il y a des policiers qui ne sont pas bons ; certains se servent de leur titre pour en abuser. »

La dame pourrait parler des heures. Mais comme il paraît bien que l'essentiel de ce qu'elle voulait exprimer a déjà été dit, un murmure sourd de la salle et le maire passe la parole à un autre intervenant.

« Ça fait trente-cinq ans que je suis ici, commence un solide sexagénaire à la moustache grisonnante mais drue. Si les enfants qui sont morts avaient été bien structurés, ils auraient fait attention ! Autour du transformateur, il y avait du fil de fer barbelé. Quand on voit une tête de mort, on n'entre pas. Les enfants se croient chez eux partout. Il faut leur apprendre à respecter la propriété. Il y a des parents qui ne savent que râler et qui ne paient pas les charges de copropriété. »

Un bref débat s'engage alors sur le fait de savoir si le danger que représentait le transformateur dans lequel deux enfants de Clichy sont morts était correctement signalé. Dans la salle, on souligne que certaines inscriptions anciennes étaient devenues difficilement lisibles. Mais sur le thème précédent, celui de la responsabilité des parents, un jeune Noir reprend les propos du grisonnant moustachu :

« Nous, les parents, proteste-t-il, nous sommes pris entre deux engrenages. Chacun d'entre nous veut que ses enfants réussissent, mais, si on essaie de les mettre au pas, on se heurte à la volonté du gouvernement qui fait voter des lois qui protègent leur liberté. »

Une jeune femme intervient :

« Quand un enfant va à l'école, les parents ne sont pas forcément à la maison. Mon mari et moi, on rentre tard le soir. Et puis, quand tout va bien, on ne va pas parler aux professeurs. Et si ça ne va pas, ils ne nous le disent pas. »

C'est alors l'Algérie qui se réveille, d'abord en la personne d'un parent, ensuite d'un instituteur, enfin d'un religieux.

Le premier : « C'est vrai, on permet trop de choses au nom de la liberté. Une gifle de temps en temps, ils en ont besoin. Mais il y a un numéro vert qui leur permet d'appeler l'Assistance publique pour dire qu'ils sont battus. »

Le deuxième (lunettes cerclées de métal) : « J'ai été trente-neuf ans instituteur en Algérie. Ici, il y a une permissivité vraiment trop grande. »

Le troisième (djellaba en poil de chameau) : « Ici, on dit : si vos parents vous frappent, appelez l'Assistance publique. » La loi n'est pas bonne. Chez nous, la colonisation a fermé les écoles. Mais on nous a appris à respecter nos parents et nos voisins. Ici, dans les écoles, le professeur, l'instituteur, ils veulent pas intervenir. Comme le monsieur, là ! »

Le deuxième de nouveau : « L'autre jour, j'étais au collège avec un collègue français. Il est passé devant des enfants qui jouaient aux cartes dans la cour de récréation, vous imaginez ! Et vous ne savez pas quelle a été sa réaction ? Il leur a dit simplement : "Comment ça va la belote ? Vous vous amusez bien ?" »

Il en est si profondément indigné qu'il s'arrête là.

« Moi, affirme une dame, ça fait vingt ans que je vis à Clichy, et j'y vis bien. On peut vivre en banlieue des choses très agréables ; mais moi, je n'hésite pas à faire des réflexions aux enfants. »

Ce sont les propos d'un enseignant de cours moyen deuxième année qui ont provoqué ces répliques en rafales. Avec résignation ou complaisance – difficile à savoir précisément –, il explique qu'après les émeutes, à la réouverture du collège, les enfants ont « regretté » qu'il n'y ait pas eu un policier tué, qu'il n'y ait pas eu de « Blanc » tué. Cela est proféré sur le ton de l'évidence, sans l'ombre d'une réprobation. Comme si les « regrets » qu'il n'y ait pas eu de victime « blanche » étaient justifiés. Ce sont ces mots qui ont provoqué les réactions des participants algériens. C'est que, si le professeur en question a bien souligné qu'il lui avait fallu plusieurs jours pour remonter la pente devant ses élèves, il a terminé son discours sur un vibrant appel à un pacte républicain, dont il apparaît qu'il est très peu respecté dans les banlieues, ce qui a pris l'allure, aux yeux des assistants, d'une sorte d'absolution des émeutiers. Et sur ce point, personne n'est d'accord. Le « politiquement correct » importé des cercles parisiens ne passe pas à Clichy-sous-Bois.

Pourtant, on n'en restera pas là. Un triple commentaire du maire veut clore le débat. Il déplore que, dès le premier soir, le bruit ait couru que les pompiers étaient responsables. Il affirme que beaucoup de voitures venues d'ailleurs ont circulé dans la ville pendant les nuits d'émeutes. Peut-être, mais cela absout-il les jeunes gens de la ville ? Et il déclare enfin qu'il faut éliminer jusqu'à l'ombre d'une discrimination ici et ailleurs.

Cela va amener un participant aux cheveux blancs et soigneusement crantés à remarquer avec agacement : « Ça fait des années qu'on se fait chier à déposer des dossiers qui n'aboutissent pas. Il a fallu ces événements pour qu'on les voie enfin se débloquer. »

Et un autre, d'âge moyen, à proclamer : « Il faut que la France considère ces gens-là comme ses propres enfants ! »

Les applaudissements qui crépitent alors ne me permettront pas de savoir s'il s'agit de l'ensemble de la population immigrée de Clichy ou des jeunes adolescents qui se sont livrés aux violences auxquelles cet homme a fait allusion. Chacun aura trouvé dans la dernière apostrophe ce qu'il voulait entendre.

On se sépare là-dessus. On est soulagé d'avoir pu s'exprimer. Mais l'ambiguïté n'est pas dissipée.

Une plongée en enfer

J'ai voulu explorer La Forestière, et d'abord ses sous-sols, qui suscitent tous les fantasmes de Clichy. Ces lieux que les plus anciens des habitants n'évoquent qu'avec horreur. C'est Jean-Claude, l'inspecteur de la salubrité, qui me permettra d'y accéder.

Catherine est une grande bringue, maigre comme un clou, mais affublée d'une robuste tignasse. Si elle voulait bien rester immobile quelques instants, elle donnerait l'impression d'une terrible fragilité tant ses os ont de mal à remplir son blouson et son pantalon. Mais Catherine est sans cesse en mouvement. Avec une détermination qui impressionne tous les occupants de La Forestière, autant les hargneux que les timides. C'est, du reste, une condition de survie à son poste. À chacun elle apporte une réponse quand, du moins, celui qui s'adresse à elle peut formuler sa question en français.

Catherine entre à grands pas dans ce qu'on peut appeler le hall d'entrée du bâtiment où se situe sa loge. Un homme jeune, couvert de plusieurs épaisseurs de vêtements, l'attend devant sa porte. Il tente de lui expliquer, dans les quelques mots de français qu'il maîtrise, qu'une fuite d'eau s'est produite dans l'appartement qu'il occupe au quatrième étage. Elle comprend tout de suite que l'eau goutte du plafond et coule sur les murs. Sans précaution particulière mais sans énervement, elle répond qu'elle connaît le problème, que celui-ci se situe dans l'appartement de l'étage supérieur, et qu'un réparateur doit venir en principe dans le courant de la journée si tout va bien, sinon le lendemain. L'homme n'apparaît que partiellement convaincu. Peut-être n'a-t-il pas tout compris de ce qui lui a été dit, mais il tourne les talons et s'engage dans l'escalier.

Catherine me fait pénétrer dans son antre composé d'une petite pièce et d'une cuisine. Ce fut peut-être une loge de concierge, mais le local est aujourd'hui encombré de planches de bois, d'emballages de carton et de multiples instruments de bricolage qui laissent à peine la place à un bureau et à un sofa défoncé. Elle sait déjà que je veux visiter les sous-sols. Il lui faut encore, au passage, répondre à une femme maghrébine qui lui présente un formulaire qu'elle ne parvient pas à remplir. Puis, nous nous dirigeons vers la porte – maintenant blindée – qui donne accès à l'étage inférieur. Catherine s'est munie d'une lampe torche qu'elle utilise pour guider mes pas peu assurés.

Je m'introduis dans ce qui fut l'enfer d'un ensemble immobilier pourtant destiné à être le paradis d'une petite bourgeoisie occupée par son travail à Paris, qui voulait retrouver, le soir, un foyer en lisière des bois. Le rêve, en somme, pour les ruraux que les Français sont presque tous restés ! Mais les cadres, les bourgeois, sont repartis déçus. L'autoroute qu'on leur avait promise en leur vendant l'appartement n'a jamais été construite. Cette voie rapide leur aurait permis de se rendre à Paris douillettement au volant d'une voiture chérie. Aujourd'hui, les automobiles stationnent à l'air libre. Peu à peu, elles ont fui le local souterrain qui leur était en principe réservé. Plus d'une en est sortie à l'état d'épave calcinée, jusqu'à ce que, un jour, le parking soit condamné pour avoir abrité trop de trafics et de délits.

La lumière, au sous-sol, qui sourd à travers des soupiraux, permet de découvrir l'immensité de la surface dévolue par les constructeurs à la voiture, reine d'une époque où un président ravageait Paris pour qu'elle y eût ses aises. Certains des piliers qui soutiennent les immeubles portent encore les traces d'incendies qui, périodiquement, étaient allumés là, et qui finirent un jour par provoquer la panique de ceux qui savaient que tout peut fondre sous l'effet d'une chaleur excessive.

Progressant à pas prudents dans cette immensité, je m'entends raconter par Catherine ce qu'étaient les lieux il y a quelques années, quand lui fut confiée la mission de leur rendre une apparence acceptable.

L'occupant, copropriétaire première version de La Forestière, accédait à sa machine en empruntant un ascenseur qui le menait de « son » palier à « son » parking. Les ascenseurs ne fonctionnant plus depuis longtemps, il fut facile d'interdire cette voie de pénétration. L'appartement du copropriétaire était chauffé par d'énormes chaudières auxquelles, peu à peu, personne n'eut plus accès. Une colonne de tout-à-l'égout explosa sous l'accumulation de la merde, des déchets étranges et exotiques qu'on lui avait imposés, et sous l'effet, aussi, du manque d'entretien des parties communes. Vint alors le temps où les réparateurs refusèrent de descendre dans ce cloaque, où l'on pataugeait dans les excréments, parmi les araignées, les essaims de moustiques, de mouches bleues et de pucerons. Catherine me raconta que, lorsque cette masse fangeuse eut un peu séché, seule, pelle en main, elle creusa un sentier pour permettre à des ouvriers plus audacieux, plus courageux ou mieux payés que d'autres, d'arriver jusqu'aux machines pour remettre le chauffage en route. Aujourd'hui, les chaudières fonctionnent, mais Catherine s'est usée à la tâche. Après qu'elle eut fini son travail de nettoyage, d'épuration et de désinsectisation, elle s'effondra et ne put reprendre son poste que trois mois plus tard.

Nous marchons sous terre, en prenant garde de ne pas tomber, ici ou là, dans une bouche d'égout ou dans l'une de ces fosses destinées aux réparations automobiles que l'on n'a pas encore pris soin de fermer. Après quelques centaines de mètres, au détour d'un mur de parpaing, apparaît une silhouette engoncée dans une combinaison de travail. Catherine connaît : c'est l'un des hommes chargés d'enlever les derniers déblais. D'un vaste mouvement il indique où se trouvait la cour des miracles qui s'était installée ici : une salle immense, fermée par une porte métallique, où des voitures entraient et d'où elles ne ressortaient pas. Cet endroit était surtout consacré au démontage des pièces détachées, commercialisées ensuite par des circuits mystérieux. Les véhicules volés, et qui, eux, étaient destinés à être revendus, étaient stationnés au milieu de ceux que leurs propriétaires abandonnaient là, délabrés, crypto-épaves dont personne n'eut voulu s'encombrer.

Dans un coin de la salle de démontage, un mur avait été érigé, qui enfermait un espace moins imposant.

C'était un squat consacré par ses occupants aux trafics de drogue. Ces éléments sont, paraît-il, répertoriés dans les rapports de police.

Encore quelques dizaines de mètres, et je découvre un plan incliné qui va nous permettre de remonter à la surface. Quelques hommes s'affairent là au déblaiement. Catherine les salue et me présente le chef d'équipe, monsieur Singh. Monsieur Singh porte un turban. Comme son nom l'indique, il est sikh. C'est indiscutablement le représentant de la plus petite communauté ethnico-religieuse de Clichy.

Retour à la lumière. Voilà que s'étale devant moi la forêt de Bondy, qui fit rêver les premiers occupants et à qui le cloaque que je quitte doit son nom.

Sous le ciel, la pluie

Des profondeurs de La Forestière, je me hisse jusqu'à son sommet, où m'attend Roger, Roger Fortuné. Il réside, m'a-t-on dit, à la MOUS, qui a préparé mon arrivée, au dernier étage, la porte à côté de l'ascenseur. Évidemment, l'ascenseur ne fonctionne pas, et lente est l'ascension dans des escaliers pas éclairés. Mais c'est une façon de se repérer quand personne n'affiche de nom sur sa porte. Si vous voyagez à Clichy, hormis, bien sûr, dans les quartiers de pavillons, informez-vous bien de la sorte ; ne vous laissez pas abuser par un numéro d'appartement. Ils ne sont souvent pas mieux indiqués que ne le sont les noms des occupants.

Roger m'attend. C'est un petit homme de la forêt équatoriale, à la barbiche soigneusement taillée, qui porte avantageusement sa quarantaine et une boucle en or à l'oreille gauche. Volubile, Roger est très désireux de raconter son histoire, ou plutôt celle du couple qu'il forme avec son appartement. Comme beaucoup de gens qui vivent à Clichy, il a beaucoup navigué à Paris et en banlieue avant de venir échouer en lisière du bois. Comme beaucoup d'immigrés, réduits, à leur arrivée en France, à vivre dans des locaux insalubres ou minuscules, il a été attiré par l'espace qu'on lui promettait à La Forestière pour l'équivalent du loyer d'un studio à Paris. Et puis, un de ses frères vivait déjà à Clichy et lui avait parlé de l'association de Congolais qui se réunit régulièrement à La Forestière.

Roger Fortuné débarque en 1999 à Clichy. L'appartement qu'il découvre n'est pas tout à fait ce qu'il pensait trouver. Certes, il s'agit bien d'un quatre-pièces, deux chambres et un salon-salle à manger, mais l'eau suinte sur les murs et la porte n'a pas de serrure. La propriétaire, une Haïtienne, vient de racheter l'endroit à une autre « dame » qui, il l'apprendra plus tard, louait chaque pièce à des familles de sans-papiers. Les lieux sont dans un tel état qu'il n'imagine pas un instant s'y installer sans les aménager. Il se met donc à la tâche dans les deux mois qui concluent l'année. Et il apporte avec lui ses quelques biens dans les premiers jours de l'an 2000. À La Forestière, c'est la pire période. Beaucoup de copropriétaires ont cessé depuis longtemps de payer leurs charges. C'est l'époque où le tout-à-l'égout déborde dans le garage ; où certains gardiens « vendent », sans aucun titre à le faire, des appartements à des squatters ; où les portes de locaux inoccupés sont fracturées. Roger va rapidement s'en rendre compte. Chaque fois qu'il s'absente ou presque, la serrure est défoncée. Des adolescents qui n'ont pas où aller ont pris l'habitude de se retrouver là quand les locaux sont inoccupés. « Ils fumaient et buvaient de l'alcool, dit-il ; ils avaient besoin d'un coin pour se réunir. J'ai parlé avec eux un jour où je les ai surpris. Ça a été un peu difficile. Mais, après, ils ne sont plus revenus. Maintenant, je peux laisser ma porte ouverte. » Peut-être le peut-il, mais il ne le fait pas. En dehors de sa serrure de sécurité, sa porte est munie d'un verrou qu'il ferme soigneusement quand il est chez lui.

Je visite les lieux. Il a plu la veille et l'eau suinte sur les murs de l'entrée. Le placard est inutilisable. Les quelques objets qu'il y a laissés sont couverts de moisissure. La chambre à coucher qui donne au nord est si humide que, lorsqu'on y pénètre, mes lunettes se couvrent de buée en quelques secondes. Des fissures ont été colmatées avec de l'enduit mais, visiblement, il s'agit là d'un remède insuffisant. L'appartement est situé sous la terrasse, et les infiltrations viennent de là.

Même dans ces conditions, même après avoir réussi à évincer les jeunes squatters, Roger n'en a pas fini avec les ennuis. Madame Bernadette, la Haïtienne propriétaire, avait un amant dont elle s'est séparée. Mais ce dernier n'entend pas perdre les avantages de la vie en communauté. Il se présente au début du mois, réclame le loyer et, quand la dame vient à son tour, elle s'emporte contre son locataire coupable d'avoir payé à un autre ce qui lui était dû. Ces transactions, bien entendu, se font en liquide. Pour tenter de régler la question, elle intime à Roger l'ordre de verser l'argent à l'association Haïti-Liberté, ce qu'il fait dans un premier temps. Mais il a besoin d'une quittance de loyer, et l'Association refuse de lui en fournir. Alors, Roger se rebelle et décide de ne plus payer. Du coup, en son absence, l'équipe des propriétaires fait enlever la porte, arracher les fils du téléphone et saccage une partie de l'appartement.

Roger se rend donc au poste de police : « On m'a dit de ne plus ouvrir ma porte à quelqu'un que je ne connaissais pas. L'amant est revenu encore une fois, il a glissé un papier sous la porte sur lequel était écrit : "Je suis le nouveau propriétaire" – suivi d'un numéro de téléphone. Mais il ne s'est plus présenté. Je n'ouvre plus à personne et ma porte est blindée. »

Malgré tout, Roger n'est pas triste. Une partie de son appartement reste habitable. Comme, chez lui, c'est grand, c'est là que se réunit la famille le dimanche et les jours de fête.

« Moi, la vie à Clichy, je la trouve bien. »

Oui, Roger est un homme heureux. Il a réussi à faire régner un semblant de droit. À force de ténacité. Malgré l'absence des autorités.

Un réfugié politique

Je frappe avec ma canne à la porte de métal qui protège l'accès de la MOUS. C'est un jeune homme inconnu qui m'ouvre. Joseph est parti pour le tribunal de Bobigny, où il accompagne une famille malienne sous le coup d'une procédure d'expulsion. Le visage de celui qui m'accueille est ouvert et souriant. Il n'a pas trente ans, des cheveux noirs, plantés haut sur un front intelligent, des yeux vifs qui interrogent, une bouche bien dessinée aux lèvres amicales. Il s'appelle Nicolas et porte avec lui les espoirs de la jeunesse. Après lui avoir donné quelques mots d'explication, je lui demande ce qu'on peut faire ici le dimanche. Il répond : « Moi, je vais à la messe. » Quel est donc ce chrétien égaré sur des terres qu'on dirait d'islam ? Peut-être n'est-il pas si égaré puisqu'il m'apparaît bien, après un bref échange, que les Assyro-Chaldéens constituent l'une des tribus majeures de la ville.

Leur messe a lieu à treize heures trente, à la chapelle Jean-XXIII, à côté de la petite église Notre-Dame-des-Anges. Nicolas m'y fixe rendez-vous pour le lendemain.

Faute d'aller aussitôt à l'autel je retourne vers l'hôtel, une bâtisse cubique, protégée de hauts grillages, toute de ciment, d'acier et d'un peu de verre renforcé. L'absence de tag et de graffitis sur les murs en fait une incongruité au milieu de la cité. Sur le parking gigantesque où stationnent quelques voitures, une seule a la mine d'une épave en devenir. Ses balais d'essuie-glace ont été volés à une autre époque. Peut-être attend-elle qu'on lui en fournisse de nouveaux, mais sa carrosserie un peu cabossée suggère plutôt qu'elle reste là dans la perspective d'être un jour enlevée.

La porte vitrée, blindée d'un filetis de métal, s'ouvre aux heures de la journée sans qu'il soit nécessaire de sonner, ni de composer le code qui donne accès aux chambres.

Le réceptionniste, regard vissé sur les écrans de télévision qui lui renvoient l'image des couloirs et de l'extérieur du bâtiment, prend un peu de temps pour lever les yeux vers moi, tandis que je reste sous la surveillance d'un grand costaud dont je ne saurai jamais le nom. Son visage semble s'enquérir du pourquoi de ma présence. J'explique que j'ai réservé une chambre pour la nuit suivante en donnant, comme c'était exigé, un numéro de carte de crédit. Le front couronné d'une tignasse rousse se détend. Le regard se fait plus engageant. La moustache sourit. Un vrai client ! Un client qui réserve, paye avec une carte de crédit, vient pour la nuit et pas seulement pour quelques heures. Un client quoi ! Et qui se présente seul, pas avec la marmaille qui accompagne souvent les mères célibataires ou les femmes dont les maris vont et viennent, dans la journée, à la recherche d'un familier dont on leur a dit au pays qu'il résidait à Clichy. Il ne s'agit pas non plus d'une de ces familles abritées là par une organisation humanitaire dans l'attente annoncée, mais improbable, d'un appartement qui se libérerait dans une des tours avoisinantes.

Ce jour-là, nous n'échangerons avec Ammar que quelques formules de politesse. Ce n'est que longtemps après, dans le courant du mois de février, qu'il me racontera comment il a abouti à Clichy-sous-Bois. Il me dira l'histoire d'un jeune Kabyle, né dans un village de montagne, qui devait faire quinze kilomètres à pied pour gagner son collège et qui, dès l'âge de quinze ans, fut saisi par la passion de l'écriture et du journalisme. Ce qu'il rédige, à l'époque, ce sont des tracts et de petits articles appelant à la renaissance de la culture de sa région. Il devient rapidement le meneur de la contestation étudiante à Tizi-Ouzou. Il participe, dit-il, à la création du Rassemblement pour la culture et la démocratie. En avril 1990, la conférence que doit donner dans les locaux universitaires un écrivain venu évoquer la mémoire et les œuvres des anciens poètes kabyles est interdite. La police fait irruption au milieu de la nuit dans la résidence des étudiants. Ammar doit se cacher. Il est même quelque temps recherché par la sécurité militaire. Mais en Algérie, le pouvoir change rapidement d'ennemi. L'urgence, ces années-là, est de contenir la montée en puissance des islamistes, de poursuivre les tueurs qui éventrent les femmes, brisent le crâne des enfants en les jetant contre les murs et profanent les cadavres au nom de Dieu.

Ammar descend de sa montagne poursuivre ses études à Alger, des études qu'il finance en faisant, le soir, le garçon de café. La capitale algérienne, dont la population est gonflée par l'arrivée d'hommes et de femmes qui fuient les massacres, voit à cette époque le nombre de ses sans-abri doubler, tripler, puis décupler. Ammar pense tenir là un sujet. Il ne se trompe pas. *Algérie-Actualités* achète ses reportages et en redemande. Tout va très vite. « Les malheureux d'Alger » ne sont qu'un commencement, celui d'une carrière tumultueuse qui pourrait s'annoncer brillante. Il écrit en français et en arabe. Il ne se passe pas une semaine qu'il ne quitte la capitale pour se rendre sur les lieux d'une attaque, d'un massacre, pour enquêter, enquêter sans cesse. Des journaux français font appel à ses services. Il devient le correspondant à qui l'on peut s'adresser d'urgence en cas de coup dur. Comme ses confrères, il n'hésite pas à emprunter « le corridor de la mort », cette enfilade de rues qui donne accès aux quelques immeubles où travaillent les journalistes des quotidiens indépendants, maltraités par le pouvoir et visés par les tueurs islamistes. Il dit : « Je suis un miraculé. En janvier 1994, je m'étais attablé à un café quand, tout d'un coup, un fracas terrible, un souffle brûlant, des bourdonnements dans les oreilles... je suis jeté à terre. Jamais je n'oublierai ce que j'ai vu à ce moment-là. Il y avait partout des morceaux de corps déchirés, des paquets de chair, du sang. J'ai vu trop de sang, trop de blessés, trop de morts. Je me suis dit, et je le pense encore aujourd'hui, que mon devoir était de vivre pour parler de ces choses-là. Et le pire, c'est que j'ai eu des preuves que, dans certains cas, c'étaient des flics qui tuaient d'autres flics. »

Désormais, Ammar est repéré par les uns et par les autres, menacé, lui et sa famille. Il doit payer des gardes du corps pour sa fille quand celle-ci va à l'école ou en revient. Pour protéger sa maison aussi. Et, comme il ne gagne pas suffisamment, il emprunte. Beaucoup d'argent. Il répète : « On n'oublie pas. On ne peut pas oublier quand on a vu une exécution se dérouler devant soi. »

La menace se fait si précise, la situation devient si critique que l'ambassadeur de France lui conseille de partir, et lui accorde un visa de quinze jours. Le 9 septembre 1995, il débarque à Paris : « J'ai été très correctement accueilli, dit-il. J'ai très vite obtenu le statut de réfugié politique. Mais les quotidiens français pour lesquels j'avais travaillé n'avaient plus rien à m'offrir une fois que je me trouvais sur leur territoire. Alors, j'ai connu la galère : des semaines à chercher du travail sans rien trouver. Aujourd'hui, je vis à côté d'ici. Je ne dois pas me plaindre ; j'ai une situation, une HLM, un petit boulot. En somme, c'est normal. Je suis dans la même situation que beaucoup de Français. Mais je dois rembourser l'argent que j'ai emprunté pour la protection de ma famille. J'ai emprunté sur parole et, chez nous, c'est sacré. C'est dur ; parfois je n'arrive pas à dormir à cause de ça. » Et puis, après un silence dont j'ai peur qu'il s'éternise : « Quand je vois des barbus, sur le marché, ça me fait penser à ceux d'Alger. Ils connaissent à peine une dizaine de versets du Coran et les interprètent à leur manière. Leur Dieu, ce n'est pas Allah, c'est l'argent. Pour mille euros, ils sont capables de faire n'importe quoi, de tuer n'importe qui. » Et enfin : « Je ne les laisserai pas faire en France ce qu'ils ont fait en Algérie. »

Après cette tirade, Ammar s'interrompt d'un coup. Il ne dira plus un mot. Heureusement, d'autres « vrais clients » viennent de faire leur apparition. Il règle le problème, leur attribue une chambre et me fait signe que l'entretien est terminé. Il me dit seulement dans un hoquet : « Tout le monde se cache derrière la barbe... et moi, je paye les dégâts de la guerre civile... »

De Battambang à Clichy,
l'itinéraire de la misère

Les escaliers sombres, l'électricité absente, des marches heurtées, des murs graffités de « FUCK » innombrables, adressés surtout à la police, mais, au fond, au monde entier, tel est le premier contact que chacun a eu ou aura avec La Forestière, avant que cet ensemble, un jour prochain, s'effondre sur lui-même. Avec souvent, en prime, mais cela dépend des bâtiments et du moment, des odeurs de pisse rance, de déchets fermentés, de merde séchée. Ces senteurs-là, ces remugles aujourd'hui disparus des centres villes furent longtemps ceux de la Chine que j'avais parcourue dans les années 1980. Je retournai marche après marche vers mes souvenirs d'Extrême-Orient. Le palier du quatrième étage était pourtant propre. Mon guide heurta une première porte de métal sans obtenir de réponse, puis une deuxième, qui s'entrouvrit sur un regard bridé et craintif. S'étant fait reconnaître, il obtint que l'entrebâillement s'élargît sur une silhouette menue, vêtue d'un large pantalon flottant et d'une blouse à la couleur indéfinissable, surmontée d'un visage où les sourcils se relevaient en point d'interrogation. Dans son français un peu approximatif et légèrement guttural, mon guide expliqua que je rendais visite aux familles de l'endroit afin de les interroger sur leurs conditions de vie.

Le salon dans lequel on m'accueillit était nu ; les murs d'un jaune éteint sentaient la peinture d'origine, celle des années 1970. Les seules décorations étaient un calendrier khmer, punaisé à la cloison donnant sur la chambre voisine, un portrait de femme, princesse ou danseuse, et quelques photos de la maîtresse de maison prises dans les années où l'âge et les douleurs n'avaient pas marqué ses traits. Une table à repasser, un canapé, deux fauteuils et une armoire complétaient l'ameublement.

La rambarde du balcon ne portait pas de parabole. On ne reçoit pas à Clichy la télévision cambodgienne, qui n'émet sans doute pas par satellite. À la différence de ce que je verrai ailleurs, partout ailleurs, le poste était éteint. C'est à ces économies-là qu'on juge, là-bas, de l'aisance relative ou de la misère.

La jeune fille me fit asseoir sur un canapé grincheux et se retira. Mon guide aussi. Elle vers une autre pièce, lui pour d'autres tâches.

Un homme entra en tâtonnant. Je cherchai son regard et ne le trouvai pas. Une femme venait à sa suite. C'était celle des photos, les années en plus. Elle me conta leur histoire. Celle du père, d'abord, qui ne parlait pas le français. Il était né dans un village où l'on n'avait jamais vu ni médecin, ni infirmier, ni maître d'école, ni même de moine bouddhiste. Un village de la montagne où les éléphants étaient des animaux domestiques. À l'âge de quatre ans, il avait commencé à souffrir des yeux, le paysage de son enfance s'était progressivement brouillé au point qu'à ce jour il n'en avait presque plus aucun souvenir. Pour tenter de le faire soigner, sa mère avait quitté la famille et l'autel des ancêtres pour descendre à Battambang, où elle pensait avoir un oncle qu'elle n'avait pu retrouver. Dépourvue de tout, elle avait dû se mettre au service d'un Chinois qui faisait le commerce de bois de santal. L'aveugle se souvient, raconte-t-elle, que cet « oncle » battait sa mère quand elle ne se soumettait pas assez rapidement à ses désirs. Et puis, un jour, elle disparut sans que le petit garçon sût jamais ce qu'elle était devenue. Le Chinois s'était alors débarrassé de lui en le donnant à sa famille. Elle, découvrant en la personne de ce garçon timide un grand frère qui ne la frappait pas, s'était prise d'affection pour le jeune aveugle. Elle l'avait guidé chaque jour pour qu'il prît sa part des tâches confiées aux enfants : aller à la cueillette, rapporter le bois de chauffage et porter l'eau. Taman, l'aveugle, ne pouvait se guider, mais il pouvait porter.

À l'arrivée des Khmers rouges, les parents avaient été envoyés sur le chantier d'un barrage que les nouveaux maîtres du pays avaient décidé d'édifier, à plusieurs jours de marche. Comment ils avaient réussi à survivre ? Elle ne savait pas, ou ne voulait pas le dire. Un jour, dans des conditions confuses, le village tout entier s'était ébranlé vers l'ouest. Les Khmers rouges, devant l'avance des forces vietnamiennes, s'étaient retirés dans les forêts. Tout le pays bougeait. Chez eux, on avait entendu dire que, de l'autre côté de la frontière, il n'y avait pas de guerre et qu'une connaissance, un ami, une famille avaient été hébergés dans un camp où on leur donnait à manger.

Elle et Taman l'aveugle étaient alors partis avec un groupe d'une trentaine de personnes. Ils avaient marché longtemps, à s'en déchirer les pieds. L'infection s'y mettait souvent. Dans le meilleur des cas, à la halte, faute de médicaments, on faisait bouillir des feuilles de tamarinier et on trempait les pieds, une heure ou deux dans cette infusion avant de repartir. Quant à ceux qui étaient trop accablés ou trop malades, ils s'arrêtaient dans un village abandonné où, avec beaucoup de chance, on trouvait des restes de pâte de poisson fermentée, ce *prahoc* que les Cambodgiens ont appris à aimer. Le groupe, diminuant un peu à chaque halte, mais auxquels s'adjoignaient aussi les traînards d'une autre colonne, se posait ici et là pour se refaire. Elle se souvenait aussi d'escarmouches, quand les Khmers rouges rodaient et que les gouvernementaux, mieux armés, sous la conduite de Vietnamiens, déversaient sur eux leur mitraille. Les fuyards s'abritaient alors dans les rizières, et les projectiles sifflaient au-dessus de leurs têtes. Leur chance fut que, tout au long de ce voyage, un ami prît soin de Taman.

Et puis, un jour, ils découvrirent que les uniformes des soldats n'étaient plus les mêmes. Ils furent dirigés vers un camp où, pendant deux, trois ans, dit-elle sans plus préciser, on les fit attendre. Par des moyens que je ne peux comprendre, ils apprirent que d'autres du même village avaient trouvé asile en France. Ce fut leur choix, et aussi celui qu'on fit pour eux. Dans le camp, une fille leur était née.

À Paris, ils avaient vécu grâce aux premiers secours, puis elle avait rapidement réussi à se faire employer, avec d'autres compatriotes, dans un atelier de couture, ce qui leur avait fourni quelques ressources. Ils vivaient dans une pièce sans eau et, bien sûr, sans toilettes, que le logeur leur faisait payer quinze cents francs. Et ils s'entendaient dire sans cesse : « Si vous n'êtes pas contents, partez ! » Un jour de 1985, on (je ne sais qui) leur a proposé cet appartement, à Clichy, où leur sont nés deux garçons et une fille. Elle, la mère, travaille maintenant à domicile.

Ils disposent de trois pièces pour un loyer de deux cents euros. Leurs voisins de palier sont eux aussi cambodgiens. Les trois appartements de l'étage rassemblent une petite communauté qui ne cherche qu'une chose : se laisser oublier. Et en même temps, dit la dame, « on n'est pas assez nombreux ; les enfants n'ont pas d'amis ». La jeune fille, confirme à demi : « J'aimerais bien partir d'ici pour aller dans un endroit calme. Ici c'est trop dangereux. Les garçons d'en bas tapent ma petite sœur. Elle n'a même pas quatre ans. Je ne descends que lorsque je sais qu'en bas je retrouverai un groupe de filles de chez nous. »

Elle est en quatrième. Au retour de l'école, elle fait quelques travaux de couture pour aider sa mère. Mais, surtout, elle apprend l'anglais et l'espagnol dans l'espoir de partir un jour pour un autre pays. Loin de Clichy.

La mère regarde sa fille d'un air navré. Virya va lui échapper. Un jour, elle partira, la laissant avec Taman, son mari aveugle.

Je salue la dame. Virya m'emmène voir les appartements voisins qui respirent la même pauvreté, la même désolation.

« Et tes frères ? demandé-je à la petite.

– Ils sont dehors... Et puis, d'un geste du menton, elle désigne des bouteilles rangées le long du mur, vides ou entamées. Ils font ce qu'ils veulent ou – ... après une hésitation – ce qu'ils peuvent. »

Redescendre les escaliers est encore plus désespérant que de les monter.

Des Turcs différents :
les Assyro-Chaldéens

Ici, on les appelle seulement les Chaldéens. Leur messe du dimanche commence à treize heures trente. Après celle de la paroisse. Les Assyro-Chaldéens sont des catholiques rattachés à Rome, mais, depuis qu'ils ont émigré en France, au début des années 1980, ils se sont si bien intégrés que leur langue, avec les souvenirs du pays pour les adultes et les vieillards, reste leur principale marque d'identité. Cette langue, ils en sont fiers. « C'est celle du Christ », disent-ils. Alors, ils tiennent à ce que leur messe soit dite en araméen, même si les plus jeunes ont un peu de mal à comprendre, même si cet araméen-là a beaucoup évolué et s'est même modernisé pour s'adapter aux changements de vie depuis qu'ils ont été évangélisés par saint Thomas.

Les automobiles s'arrêtent à l'entrée de la chapelle et dégorgent l'une après l'autre leurs passagers, mais la plupart d'entre elles ne viennent pas se garer. Elles repartent pour ramener un peu plus tard une autre fournée de fidèles.

En pénétrant sous le porche, je perçois un chœur de voix féminines. Dans une salle attenante, des jeunes filles répètent les cantiques qu'elles vont chanter pendant la messe. Elles sont un peu intimidées quand je leur demande depuis quand elles sont arrivées en France. « Mais nous sommes nées ici, répond la plus audacieuse, tandis que les autres approuvent du chef ; et elle ajoute : nos familles sont venues ici il y a plus de vingt ans. » D'où ? « De Harboul, en Turquie. » Difficile d'obtenir plus.

J'entre dans la chapelle. Et voilà que le bedeau m'aborde et me demande, d'abord dans une langue inconnue que je suppose être de l'araméen puis, devant mon absence de réaction, en français, si je suis le prêtre. Devant ma réponse négative, il commence par s'excuser, puis il m'explique que la communauté, ici, ne dispose pas de prêtres, que ceux-ci arrivent le plus souvent de Sarcelles, et qu'il en vient parfois qu'il ne connaît pas.

L'authentique officiant se présente peu après. C'est un homme âgé, qui parle très mal le français, mais qui dit la messe à la satisfaction des participants, lesquels répondent à l'unisson aux invocations prononcées dans leur langue. Le teint des fidèles est foncé, olivâtre dans la plupart des cas. Il y a là pas mal de personnes âgées, beaucoup de cannes, mais aussi nombre de jeunes. Des enfants, des adolescents.

La messe est suivie avec beaucoup de ferveur et d'émotion ; elle est empreinte d'une certaine majesté orientale. La chasuble de l'officiant est d'un rouge carmin, magnifiquement brodée d'or. Dans leur fuite, ces Chaldéens ont pensé à sauver les ornements sacerdotaux d'une église dont il ne reste vraisemblablement aujourd'hui que les ruines, ou qui est peut-être devenue une étable après qu'on en a brûlé les bancs comme bois de chauffage.

Nicolas me présente quelques-uns de ses parents, à qui je demande comment va se passer pour eux la fête de Noël. On me dit d'abord que le déjeuner de midi sera chiche, comme tous ceux qu'on prend à cette époque de l'année. Car on fait carême avant Noël comme avant Pâques. Et bien plus strictement que les catholiques de France. Samedi soir, le 24, comme ailleurs, on se réunira en famille, et il y aura beaucoup de cadeaux. Dimanche, les femmes mettront leur plus belle robe, et tous les hommes seront en costume-cravate. Même les enfants, même les petits. Après la messe et le déjeuner, on se rendra visite d'une famille à l'autre. Presque toutes les familles chaldéennes habitent La Forestière. Il n'y en a que deux à résider dans le bas de la ville, au Chêne-Pointu.

Les salutations faites, les voitures s'élanceront vers Sarcelles, où réside la plus grande partie de la communauté en région parisienne, et où tout le monde a de la famille. Là, on ira suivre les vêpres à l'église Saint-Thomas, cathédrale majestueuse et moderne. Ensuite, certains rentreront chez eux, tandis que d'autres dîneront sur place. Ce sera tout, mais ce sera bien. Une fête, un bon moment de l'année. Avant que ça ne recommence pour Pâques. La vie des Chaldéens est rythmée par les fêtes religieuses que d'autres catholiques ont désappris à respecter.

Dans ce petit groupe, un homme d'âge moyen, au parler rude, à la mine un peu austère, conclut en se tournant vers moi au moment où il va s'engouffrer dans une berline familiale :

« Français, réveillez-vous ! Réveillez-vous, les Français ! »

Intrigué, je me promets de le revoir. Il ne veut pas qu'on cite son nom. Il ne parle qu'à voix basse car il a peur de perdre son emploi à la mairie si ses propos déplaisaient. Son histoire est celle de tous les Chaldéens de la ville ou presque. Il vivait avec sa famille dans un petit village – trois à cinq cents habitants, dit-il –, situé à la frontière de la Turquie et de l'Irak, du côté turc. Un endroit assez isolé pour que la vie des chrétiens y soit longtemps restée tranquille. Jusqu'à ce que deux événements, bien différents, se produisent à quelques années d'intervalle. D'abord une agression meurtrière, vers la fin des années 1970 ; un groupe de Kurdes d'un village voisin a « rendu visite » aux Chaldéens et, dans le courant de cette journée, dont chacun, paraît-il, se souvient, un des « visiteurs » a tué un cousin de mon interlocuteur pour lui voler sa montre. L'homme a été interpellé, est passé devant le tribunal, n'a été condamné qu'à sept années de prison et a été libéré au bout de quatre. Les villageois ont cru comprendre que la vie d'un chrétien ne valait pas bien cher, et l'exode a commencé. Puis, les recherches géologiques menées dans la région ont abouti à la découverte et à la mise en exploitation d'une mine de charbon à proximité de la petite agglomération. En quelques mois, les déblais de la mine ont commencé à noyer le village. L'État a acheté la plupart des maisons et des jardins, expropriant nombre de ceux qui ne voulaient pas vendre. Des gens d'ailleurs, évidemment musulmans, sont arrivés pour participer à l'exploitation. « Alors, on a quitté le village. On avait peur de rester... On a été les derniers à partir. Aujourd'hui, Harboul n'existe plus. À la place, il y a une petite ville industrielle peuplée de Turcs et de Kurdes. J'ai quitté le village avec mon père, ma mère, mon frère et ses trois enfants. Nous avons donné vingt mille deutschemarks à un passeur. On est partis sans visa, d'abord pour l'Autriche, puis, de là, on est allés en Italie. À San Remo, les passeurs nous ont laissés tomber. On a passé trois jours et trois nuits sur une pelouse, jusqu'à ce qu'un ami qui était en France, et que nous avions appelé au téléphone, vienne nous rejoindre. Il nous a fait prendre par une voiture pour aller en montagne. Puis on a marché deux ou trois heures dans la forêt. Une auto nous attendait de l'autre côté. Il nous a amenés à Clichy, où nous avions des amis, dont certains étaient là depuis plus de vingt ans. C'est l'association des Chaldéens qui s'est occupée de nous. En quinze jours, nous avons obtenu le statut de réfugié politique. Et puis il a fallu trouver du travail. On nous a envoyés en foyer d'hébergement à Lure et, de ce foyer, en HLM. Le directeur du foyer m'a trouvé un contrat de neuf mois dans une scierie. Ensuite, j'ai travaillé pendant six mois à l'entretien d'un quartier. On a vécu avec nos salaires et les allocations familiales, mais c'était difficile d'obtenir un emploi. Alors, on est revenus vers Clichy et La Forestière, où se trouvaient des amis. Grâce à une association, j'ai appris à lire, à écrire, à rédiger un CV. Pendant douze ans, j'ai travaillé à l'entretien des espaces verts de Gagny. J'ai connu des périodes de chômage, mais maintenant j'ai un bon emploi. J'espère que ça va durer. »

Je lui demande pourquoi il a lancé ce « Français, réveillez-vous ! », qui m'a beaucoup intrigué. La réponse est sans ambiguïté. Et je comprends qu'il ait voulu tenir ce discours en tête à tête.

« Moi, j'ai acquis la nationalité française. Nous, les Chaldéens, on est maintenant français et fiers de l'être... Comme les Arméniens à l'époque. On a du boulot, des papiers, des allocations familiales. On vit comme vous. Mais les étrangers, ça suffit ! Surtout ceux de l'islam. Ils brûlent les voitures, et même le gymnase, ici. Ils attaquent la France ! Nous, on sait ce qui se passe. Ils essaient tout pour un jour vous parquer. Ils vont demander à partager la France. D'ailleurs, les Français partent d'ici. Ils ont peur. Je n'ai jamais été à l'école, mais le cerveau, ça tourne ! D'ailleurs, d'où viennent-ils, les Turcs ? De Chine... Avant, la Turquie, elle était chrétienne. Et regardez ce qu'ils ont fait de Sainte-Sophie : d'abord une mosquée, ensuite un musée ! Et les chrétiens, ils sont où ? »

J'arrête ce flot verbal, ce torrent qui dévale d'un lac où il a été trop longtemps contenu par les glaces. Le verrou a sauté et le flot se déchaîne jusqu'à épuisement des réserves. La parole de cet homme aussi vient de se dégeler. Et, d'un coup, elle est devenue brûlante.

D'Afrique ils sont venus

Tous, ici, ne sont pas des réfugiés politiques. Même si ce sont ceux-là qui s'affichent le plus facilement.

Une fois encore, je rentre à Paris. Ce matin, le soleil d'hiver qui s'élève au-dessus des barres d'immeubles est éblouissant. Je garde les yeux baissés car la lumière blesse. Dans le wagon, comme tous les matins, règne le silence. Accablement, hébétude. Le soleil, la vitesse et le bruit des trains qui se croisent doivent y être pour quelque chose. Trois Indiennes se tiennent serrées l'une contre l'autre. Un Cambodgien placide, les écouteurs sur les oreilles, écoute sa musique. Deux Arabes mal rasés échangent quelques mots, penchés l'un vers l'autre. En face de moi, une Noire assez belle et très soignée m'adresse un sourire auquel je réponds. Et puis, saisi d'audace, je lui demande :

« Vous n'êtes pas de Clichy, par hasard ? »

Nous échangeons quelques mots sur la ville et, quand nous descendons sur le quai, garde du Nord, je l'interroge encore :

« Pourrais-je vous voir en famille ? »

Elle n'hésite pas à me laisser son numéro de téléphone.

Je la rappellerai plus tard.

Du RER au métro, il faut emprunter des escaliers mécaniques sur lesquels s'engage la foule multicolore. Ensuite, traverser une plate-forme centrale
qui donne accès aux différents moyens de transport.
Aujourd'hui, y patrouillent des militaires, fusils
d'assaut et pistolets-mitrailleurs à la main. Les terro-
ristes islamistes descendus des banlieues n'ont qu'à
bien se tenir ! Et les passagers, à coup sûr, se senti-
ront rassurés ! Les soldats errent entre les boutiques
qui proposent des fleurs exotiques.

Aujourd'hui, parmi les spectacles qu'offre le
Métropolitain, j'ai choisi, bien involontairement,
celui des murs des stations plutôt que celui de mes
compagnons de voyage. Mais l'un est bien appareillé
à l'autre. Au fur et à mesure que l'on descend vers
le ventre puis le cœur de Paris, le décor se modifie
autant à l'extérieur qu'à l'intérieur des wagons.

À la station Gare-de-l'Est, sur les affiches, on
promet aux passagers qui voudraient se laisser tenter
un téléphone « super-sonique ». À l'arrêt suivant, Châ-
teau-d'Eau, l'ustensile a d'autres vertus : il permet de
lancer sans frais particulier des « appels illimités ».
Dans quelle direction, ce n'est pas précisé. À Stras-
bourg-Saint-Denis, McDo propose à sa clientèle une
version exotique de sa carte habituelle, le « petit
oriental ». Et, d'une station à l'autre, chaque société
spécialisée dans le crédit à la consommation prétend
offrir le meilleur taux pour emprunter. L'informatique
aussi est présente sur toute la ligne, mais, côté Gare-
du-Nord, ce sont plutôt les prix que l'on met en avant,
tandis qu'à partir de Châtelet ce sont les performances.
Le pastis fait ici et là son apparition. Mais Paris a bien
changé, en quelques décennies, puisque a disparu aussi

la publicité qui nous accompagnait, enfants, à chaque traversée de la ville : dans tous les tunnels, de Passy à Ménilmontant et de Stalingrad à Cité-Universitaire, se déroulait sous nos yeux, le slogan magique : DUBO, DUBON, DUBONNET. Je ne savais guère, alors, ce qu'était ce Bonnet, mais je peux affirmer que, dans les tunnels, on le voyait courir sous tous les quartiers, qu'ils fussent bourgeois ou ouvriers.

À Châtelet, on entre dans le domaine du luxe et de la pensée. Certes, les Galeries Lafayette ont déjà fait quelques apparitions fugitives. Mais c'est là seulement que s'annonce le Bon Marché, qui va de pair avec les spectacles de théâtre. Monsieur de Fursac, l'aristocrate qui vous promet de vous doter de plus d'un quartier de noblesse si vous voulez bien enfiler ses fringues, côtoie la dernière parution d'une grande maison d'édition. Et si l'on descend à Saint-Germain-des-Prés, on reçoit l'ultime récompense : une station sans publicité. Décidément, le métro n'est pas le même pour tout le monde. Du véritable immigré au faux aristocrate, chacun y trouve son compte, jusqu'à l'« intellectuel » qui se refuse à regarder la télévision et s'apprête à se poser au Flore pour y occuper la table de Simone de Beauvoir, en lisant, pour faire genre, un ouvrage de Philippe Sollers. Décadence, mauvaise pioche !

Moi, je dois retrouver Madame K.

Après plusieurs appels infructueux, je la joins au téléphone, et nous convenons d'un rendez-vous. Elle réside dans une tour à proximité du marché. Je dispose d'une adresse et d'un numéro d'appartement mais, à Clichy, c'est insuffisant pour s'y reconnaître. Les cités sont, certes, identifiables assez facilement, mais les numéros censés localiser les résidences ont été arrachés. Alors, on s'informe auprès des passants qui, souvent, ne connaissent que leur tour ou leur palier ; on tente de découvrir un nom sur une boîte aux lettres ou, du moins, ce qu'il en reste. On échoue à plusieurs reprises, mais on finit par trouver.

Madame K réside au septième étage et, par chance, l'ascenseur a oublié de tomber en panne. À la montée, l'hypothèse qu'il fonctionnât me paraissait si invraisemblable que je n'ai même pas essayé de l'utiliser. Ce sont mes hôtes qui m'ont prévenu à la sortie de leur appartement.

Après avoir hésité entre trois portes, toutes aussi muettes, je découvre la bonne sonnette. C'est une jeune fille qui vient m'ouvrir, mais avant que j'aie eu le temps de m'enquérir si je suis à bon port la dame fait son apparition avec un grand sourire. Je ne suis pourtant pas le bienvenu pour tous, car un grand gaillard prend une mine renfrognée pour se retirer en abandonnant des haltères dans le couloir.

Je m'entends proposer du thé ou du café et, au hasard, je réponds café au moment même où je découvre, assis dans un coin de la pièce, le mari. L'homme paraît nettement plus âgé que sa femme, la dame assez pimpante, rencontrée dans le RER, que je retrouve là, en ce début de soirée, parfaitement apprêtée. À l'image de son appartement. Car c'est là le miracle de Clichy. L'immeuble dans lequel vous entrez est délabré, les murs de la cage d'escalier sont immuablement couverts de graffitis, les escaliers encombrés de papiers, de mégots, de sacs en plastique, mais, une fois passée la porte, quand vous entrez dans les appartements, la propreté règne partout ou presque. Les murs sont décorés d'images du « pays », les pièces encombrées d'un mobilier souvent disparate mais soigneusement astiqué, les vitrines pleines de statuettes ou de babioles venues d'un autre continent.

M. K est arrivé en 1968 du Burkina Faso qui s'appelait sans doute alors la République voltaïque. « Je suis venu, dit-il joliment, pour essayer de me cultiver. » Il voulait devenir préparateur en pharmacie ; il avait acquis quelques notions de ce métier à l'université de son pays. Mais cette entreprise, apparemment, n'a pas été couronnée de succès. Il s'est vite retrouvé « dans le téléphone », c'est-à-dire qu'il installait, au nom des PTT, des lignes chez les particuliers.

Dix ans plus tard, ayant beaucoup économisé, il est retourné à Bobo Dioulasso pour se trouver une épouse. Il l'a ramenée avec lui à Paris, mais son studio du XIIᵉ arrondissement était trop petit pour qu'il pût y élever une famille. « Un jour, par hasard, dit-il, j'ai trouvé ce logement dans une agence. Quand on est arrivés, c'était neuf et repeint. C'était bien. Je venais de créer ma petite entreprise. » Fièrement, il me tend en cadeau un stylo-bille orné de l'inscription « Entreprise d'électricité K. » et portant le numéro de téléphone de l'appartement. « C'était en novembre 1980. L'année suivante, Oumar est né ici. » La jeune fille, dont je ne saurai pas le nom, reprend : « C'est il y a dix ans que ça s'est dégradé. Quand on était petits, on allait au stade, ou sur Paris. Tout ce que j'ai fait, je l'ai fait avec les associations. On est allés à Eurodisney, à la base nautique de Torcy, dans les parcs de loisirs. Ici, il n'y a rien à faire. Il y avait une boîte, mais ça n'était pas bon. Avec mes copines algériennes, marocaines, sénégalaises, haïtiennes, on marchait autour des immeubles. On voulait fuir Clichy-sous-Bois, mais on restait là. On nous disait de continuer l'école, mais, même avec des diplômes, on ne trouve rien. Les plus petits disent maintenant : « Tu sais, Ahmed, il a fait des études et il n'a pas de boulot. Ça sert à rien ! » Ils sont blasés. Même à la maternelle ils sortent des choses choquantes. Ils me font peur. Elle hésite un moment, et puis elle se lance dans une histoire qui fut la sienne : un emploi qu'elle recherchait, un CV qui avait débouché sur un entretien d'embauche, lequel s'était bien déroulé jusqu'à ce qu'elle donnât son adresse. « Vous habitez Clichy-sous-Bois ? lui aurait dit l'employeur. Ah non ! C'est bien trop loin, vous ne ferez pas l'affaire... » Et elle conclut : « J'ai l'impression qu'ils veulent qu'on reste là. »

Elle est donc restée chez papa-maman. Mais, comme maman, elle travaille à Paris à une heure – quand tout va bien – de Clichy. Maman, elle, est employée chez les Petites Sœurs des pauvres, et sa fille dans un hôpital de la capitale. Elles sont toutes deux aides-soignantes. Madame K. explique avec pudeur en quoi consiste sa tâche :

« Le matin, on s'occupe des toilettes, puis du petit déjeuner des personnes âgées. Ensuite, on fait les pansements, on refait les lits. Après le déjeuner, on accompagne les patients aux toilettes et on les met dans leur fauteuil. Ceux qui sont alités, on les tourne sur le côté. Ceux qui sont agités, on les sur-veille. Et puis, quand je travaille le soir, je leur apporte leur dîner, après quoi je les couche. Ça va faire dix-sept ans que je travaille là. Depuis 1989. Mes collègues sont africaines, portugaises, antillaises, espagnoles ou mauriciennes. Ça va parce qu'il y a plus de dames que de messieurs. »

Je ne peux m'empêcher d'éprouver de l'admiration pour cette femme et sa fille qui, d'un bout de l'année à l'autre, courent les « transports », comme on dit en banlieue, travaillent selon des horaires décalés, se lèvent au milieu de la nuit ou, au contraire, rentrent chez elles quand les autres se couchent. Elles ne pensent ni à se plaindre, ni à rendre les autres responsables de leur vie difficile. Et tout ça pour gagner de quoi payer le loyer, faire les courses au marché ou au commerce à petits prix qui se trouve au pied de leur immeuble. Elles n'imaginent pas, en l'absence de voiture, se rendre à la grande surface trop éloignée de leur logement.

Monsieur K. aussi, à soixante-trois ans, quand d'autres revendiquent la retraite à cinquante-cinq, se déplace sans cesse d'un appartement à l'autre, monte d'interminables escaliers là où les ascenseurs ont cessé de fonctionner depuis de longues années, se heurte parfois à des refus de paiement, mais rencontre aussi des manifestations de solidarité.

Telle est la vie qu'acceptent le couple et leur fille. Telle est la vie dont leur fils ne veut plus entendre parler. Il préfère passer ses nuits dans les catacombes de Clichy et se lever à l'heure du déjeuner, ou après.

La salade russe

Cet après-midi, dans le vent glacial qui souffle sur les hauteurs de Clichy pendant l'hiver, je me suis retrouvé nez à nez avec Roger. Je sortais du restaurant chinois où j'avais déjeuné avec le curé. Roger m'a souri et, visiblement heureux de la rencontre, il s'est empressé de me signaler qu'à partir de dix-sept heures se tiendrait dans un appartement de La Forestière la réunion des chefs de famille congolais.

C'est ainsi que s'organise la vie à Clichy. Tous les mois, les différentes communautés ont leur assemblée, qui a lieu ici ou ailleurs, à tour de rôle, chez l'un des membres. Quant à celui qui n'a qu'une chambre dans un appartement loué à plusieurs familles, il s'entend avec quelqu'un qui lui prête son domicile pour l'occasion. Chacun apporte son écot de nourriture et de boisson.

Au cours de ces réunions, on ne plaisante pas. Dans l'appartement de La Forestière que Roger m'a indiqué, l'arbre de Noël clignote et la télé est allumée. Une discussion animée est engagée qui, comme partout, met aux prises le président de séance, assisté des autres participants, et un homme jeune, mal rasé et pauvrement habillé. Dans ce charivari, je ne comprends rien aux propos qu'on se jette à la tête et, devant ma perplexité, un des animateurs qui paraît armé d'une certaine autorité décrète : « Nous sommes un pays francophone, ici on parle français ! » Comme par magie, le sujet de la dispute devient évident. Ça fait plusieurs mois que l'accusé n'a pas payé ses vingt euros de cotisation à l'association. Il plaide. Il a été au chômage pendant de longues semaines. Mais, sans pitié particulière, le président lui fait remarquer qu'il a retrouvé du travail depuis plus d'un mois. Tout se sait dans le groupe. Rien n'échappe à la vigilance des Congolais de Clichy de ce qui peut arriver à un autre Congolais. Le village est reconstitué. L'accusé fait amende honorable. Il promet qu'il paiera les arriérés de cotisation. Comme caution, il donne aussitôt les vingt euros du mois. On épluche alors la liste des adhérents pour savoir où chacun en est de ses obligations. Dans cette assemblée composée surtout d'hommes en jeans, malgré un costume-cravate, une femme en boubou prend la parole pour signaler que le « secrétaire général » se trouve obligé de renoncer à ses fonctions. Il est parti pour une autre banlieue et il importe de le remplacer rapidement. Cela se fait avec une certaine solennité. Le président avait, évidemment, sa petite idée là-dessus. Le nom de Roger est rapidement prononcé. Et l'éloge de ses qualités de sérieux ne provoque pas de protestation, plutôt une sorte de grondement d'approbation.

Le président rend compte des activités du mois écoulé. Albert, qui était au chômage, a obtenu un peu d'argent. Et puis on a envoyé au pays du mobilier médical fourni par René, qui travaille dans un hôpital parisien. René a pu obtenir de la direction de son établissement qu'elle attende le camion affrété par l'association plutôt que d'envoyer à la casse des lits, des chaises et même une table d'opération qui ne donnaient plus satisfaction aux exigences françaises, mais qui, là-bas, vont être utilisés avec bonheur dans un hôpital.

Les femmes évoquent les questions de sécurité. On s'inquiète du sort des adolescentes quand elles rentrent à la nuit tombée, mais il n'est que très brièvement question d'organiser un tour de garde. Pour conclure, le président annonce que les statuts ont été déposés à la préfecture et que l'association va pouvoir disposer d'un compte en banque. « Je ne veux plus, dit-il, garder tout cet argent chez moi, c'est trop dangereux. » On continuera, bien sûr, à payer les cotisations en liquide, mais lui, les lundis, ira porter le produit de la collecte à la banque. De toutes façons, il y a un grand cahier dans lequel chacune des opérations est inscrite à la main.

La séance va être levée, mais la femme en boubou reprend la parole : « Et Sassou, s'énerve-t-elle, ce n'est pas bien ce qu'il fait à la petite de Kwané ! »

Un moment de silence, de stupeur peut-être... Et puis le président fait signe que je suis là... un étranger, à coup sûr, n'a pas à être mis au courant d'affaires intimes... « On en reparlera plus tard ! », dit-il. Cela ou quelque chose d'approchant, car la réponse est lancée dans la langue que je ne comprends pas parce que je ne dois pas la comprendre. Alors, peut-être pour dissiper le malaise, mais aussi parce qu'il veut tout m'expliquer, le président me prend à part : « J'en ai profité moi aussi. J'ai été au chômage. J'avais douze cents euros de retard de loyer. L'association m'a aidé à résoudre ce problème. Après, j'ai remboursé. »

Et un autre : « Il y a un an, j'ai perdu ma mère. Faire rapatrier le corps ça coûte cher. Alors ça m'a aidé. »

Le président : « Quand il y a un problème grave, le bureau se réunit. Et, tout de suite, on décide d'une somme. Mais, ajoute-t-il en utilisant les termes d'une circulaire de la Sécurité sociale, il y a un délai de carence, il faut avoir cotisé pendant six mois. »

L'heure du sérieux est passée, c'est maintenant la « veillée », autrement dit le buffet autour duquel se réunissent les « associés » et la famille qui reçoit. Sur la table, dressée dans la partie salle à manger du double séjour, ont été déposés une bouteille de vin, de la bière, mais surtout des sodas en emballage de plastique, et puis du poulet, assaisonné, à la manière du pays, de sauces qui dégoulinent des assiettes en carton, et beaucoup de Sopalin en guise de serviettes. Les enfants de la maison d'un coup sont lâchés. Ils courent entre les jambes des grands, s'attirent remarques et sourires, un coup de laisse du chien et, enfin, des bonbons. Le sérieux et l'espèce de componction essentiels à la réunion se sont dissipés dans la bonne humeur. Les vestes tombent, révélant des chemises colorées de vert, de noir, d'ocre et de rouge comme la jungle. Et de bleu comme le ciel de « là-bas. »

En signe de bienvenue, on m'invite à manger du poisson « du pays » arrivé là par des voies compliquées. C'est une morue, très salée, au goût fort, à la conservation approximative. Je m'en réjouis car il ne saurait en être autrement. Dans cette atmosphère de convivialité, je m'enquiers du sens de certaines affiches qui ornent le salon. « C'est notre parti politique. Et celui-là, dont vous voyez la photo, c'est notre leader. » On me dit un nom que je ne retiens pas.

Qu'importe ! Autour de moi, le vin et la bière aidant, j'imagine que la forêt équatoriale a poussé. La touffeur est là. Les cris et la musique aussi. On ne laissera pas sortir les enfants. Il y a du danger dehors. Ce ne sont pas les animaux sauvages et venimeux de la jungle, mais de jeunes guerriers d'autres tribus. Encore un moment avec les Congolais et, peut-être, moi aussi, m'imaginerais-je « là-bas ».

Non, ce n'est pas mon monde. Je ne me laisserai pas aspirer par des souvenirs qui ne sont pas les miens...

Quinze jours plus tard, j'ai assisté à la même cérémonie chez les Maliens. Déception, il y a beaucoup moins de monde, alors que la communauté est plus importante. Mais, là, c'est vraiment l'Afrique. On se déchausse en entrant. Au sol, des nattes. Dans les fauteuils, des femmes en robe multicolore, et puis une fillette qui se fait tresser les cheveux. Toujours des nattes ! De ces dames, l'ancêtre qui préside dit : « Je vous présente mes femmes ! » C'est un trait d'ironie adressé à ceux qui expliquent que les problèmes des banlieues viennent de la polygamie. Mais c'est quand même une famille très nombreuse qui vit dans ce grand appartement. Il y a là deux filles, dont les maris se sont absentés, deux belles-filles, une petite-fille, un fils, la femme officielle, et une dernière femme dont le lien de parenté n'est pas révélé. On regarde un film. C'est la mise en image du mariage de l'une des filles, qui s'est déroulé à Sarcelles douze mois auparavant. Les robes des femmes sont somptueuses. « Elles avaient toutes mis « le grand Dakar », explique le patriarche. Le « grand Dakar », c'est le nom du tissu de ces belles robes. Des photos se succèdent, accompagnées par la musique du bled illustrant les moments de cet événement qui se veut grandiose. Et l'on m'explique, sans sourciller, qu'il s'agit là d'un mariage religieux ; qu'on passera, certes, à la mairie, mais plusieurs mois plus tard. Pour satisfaire à la loi.

Comme chez les Congolais, l'association est autant tournée vers le bled que vers Clichy. L'ancêtre a une belle maison à Bamako : « Une maison de dix pièces, plus un garage. » C'est pour elle qu'il travaille. Et puis aussi pour la femme qu'il a là-bas. La cotisation n'est que de huit euros par mois. « S'il y a un blessé ou un incendie, il touche quatre cents euros ici, et soixante-dix au bled, parce que tout y coûte moins cher. Celui qui est au chômage, il ne paye pas de cotisation. »

« Et si le chômage dure longtemps ?

– On lui donnera peut-être quelque chose... On en discute, mais rien n'a été décidé.

– Et ici, à La Forestière ?

– Beaucoup de choses ne sont pas justes. Chaque fois, en hiver, les murs pleurent. On s'adresse au propriétaire. Mais aussi on essaye d'intervenir auprès des nôtres. Au sixième étage, ici, il y avait tellement d'ordures qu'il y avait risque d'incendie. Et puis, au pied du bâtiment 10, on a retrouvé jusqu'à une vingtaine de couches par terre. Il y en a qui font encore comme au bled, ils balancent tout par la fenêtre. »

Puis, un silence auquel il est mis fin par : « Il y a moins de monde aujourd'hui. Beaucoup sont partis là-bas pour des enterrements... Maintenant, ça va être l'heure de la prière. »

Il est temps que je m'en aille.

Samir

Accoudé à l'appui de la fenêtre de son septième étage, Samir contemple ce que furent les espoirs et ce qu'est aujourd'hui le désastre de Clichy-sous-Bois. Dans l'alignement de la barre du STAMU, se profilent trois stades de football, dont l'un dispose de tribunes. Ils sont encore en assez bon état, alignés soigneusement l'un à la suite de l'autre. Sur le premier, quelques gamins tapent la balle. Ils sont moins d'une dizaine et ne jouent qu'autour d'un des buts. Le deuxième est vide en ce samedi après-midi. Quant au troisième, on devine à travers un rideau d'arbres qu'il est occupé par un chapiteau. Plus loin, se profile l'élégant petit château qui abrite aujourd'hui la mairie.

En face, s'étage l'alignement sinistre des barres du Chêne-Pointu ; longues traînées grises dans un paysage qui fut verdoyant, mais qui, en cet hiver qui n'en finit pas, porte la couleur jaunâtre de la glaise qui colle aux chaussures. À droite, derrière la porte incendiée au moment des émeutes, on devine le toit du « centre commercial », autre symbole des espoirs déçus.

Ce que Samir contemple ainsi, c'est l'histoire de sa vie. Il est venu en France au début des années 1980 avec son bac marocain pour faire des études de mathématiques. « J'avais, dit-il, une bourse du gouvernement marocain. Mais ce n'était presque rien. Je vivais dans la précarité en alignant déjà les petits boulots. L'été, je rentrais au pays. J'ai obtenu mon DEUG à Amiens. Alors, tout content, ce jour-là, je suis allé rendre visite à ma tante qui vivait dans la région parisienne. Gare-de-Lyon, il y avait quatre policiers qui m'attendaient : « Monsieur, vous descendez ! » Ils m'ont emmené dans leur local et ont commencé à m'insulter. Ils m'avaient pris pour un voleur ! Comme je ne savais pas quoi répondre, ils ont commencé à me donner des gifles et à me traiter de sale bougnoule. J'ai sorti ma carte d'étudiant, mon permis de séjour, mais ça n'a pas servi à grand-chose. Sur les quatre, il y en avait un qui paraissait douter, je l'ai vu dans son regard. Mais le chef m'a donné des coups de pied. Ils m'ont laissé là un moment et puis, après s'être concertés, ils ont fini par me relâcher. C'était le jour où j'avais obtenu mon DEUG ! »

Samir « monte » à Lille. Il n'a pas terminé sa licence. Il lui manque une unité de valeur. Sans doute n'est-il pas décidé à entrer dans la vie active car, changeant de direction, il se lance dans des études d'informatique... qu'il ne terminera pas non plus. Entre-temps, pourtant – l'Université sert au moins à ça – il a rencontré celle qui sera sa femme, elle aussi embarquée dans des études supérieures, qu'elle non plus n'achèvera pas. En 1991, les deux jeunes gens retournent à Oujda pour se marier, mais reviennent en France pour y vivre... mal, n'ayant pas de diplôme véritable en poche.

L'épouse de Samir est arrivée en France à l'âge de deux ans avec sa famille. C'était l'époque faste pour les immigrants. Son père, recruté à Oujda par une entreprise, débarquait avec un contrat. Il ne parlait pas français mais c'était un chaudronnier modèle, apprécié de ses employeurs. Il n'a jamais manqué de travail. Il a trouvé ensuite un logement à la STAMU, qu'il a pu acheter grâce à ses économies. C'est lui qui a suggéré au jeune couple désargenté de s'établir à Clichy. Depuis, madame a travaillé dans un supermarché des environs, tandis que monsieur a continué de naviguer de petit boulot en petit boulot.

Samir est un bel homme à la quarantaine soignée. Les cheveux et le bouc sont d'une coupe impeccable. La chemise à petits carreaux s'orne d'une cravate de bon goût. Il dit : « J'ai aimé la France à travers Chateaubriand, Flaubert et le siècle des Lumières. J'épouse les idéaux de la France. » Et, du reste, il est vice-président d'une association, créée après les émeutes, dont l'acronyme est tout un programme. Cela se prononce « Assez le feu ! ». Cela s'écrit « AC le Feu ». Et cela signifie « Association-Collectif-Liberté-Égalité-Fraternité. Ensemble-Unis ».

Pourtant, Samir, qui a trois enfants de treize, neuf et cinq ans, n'a pas encore demandé pour eux la nationalité française. Il s'en excuse comme il peut. « On a eu des ennuis avec les impôts. Ça nous a pris du temps. Mais maintenant on va s'en occuper. » Et vous ? « Moi, j'ai beaucoup hésité. Vis-à-vis du Maroc, c'était difficile. Mais je vis ici, les parents de ma femme aussi. Et puis, il y a beaucoup de choses qui sont plus faciles quand on a la nationalité. »

Il se saisit d'un instrument de musique à cordes dont il explique que c'est un mondol. « Pas une mandoline, un mondol. Un instrument ancien, typique de la musique arabo-andalouse. Je joue parfois, le soir, avec mon orchestre. Hier, vendredi, nous étions à Bondy avec un public formidable. »

Entre deux accords, il parle encore d'Averroès et d'Avicenne, de Samarkand et de l'âge d'or de la civilisation et des sciences arabes, de l'invention du x en algèbre et de celle du zéro. Son plus jeune fils, Mounir, vient nous rejoindre, apportant avec lui des cubes sur lesquels il apprend l'alphabet : « Nous aurons du mal, concède-t-il, à lui faire apprendre un arabe correct. »

C'est ainsi que se décline l'histoire d'une famille maghrébine de Clichy. Les grands-parents sont arrivés en France du temps où la République réclamait des bras et où, de l'autre côté de la Méditerranée, un emploi fixe dans l'hexagone représentait une chance à ne pas manquer pour sortir de la misère. À une époque où l'industriel pouvait obtenir une main-d'œuvre parfois analphabète mais habituée à une vie dure et travailleuse.

La seconde génération s'est prise à rêver d'un avenir beaucoup plus glorieux. Et, dans certains cas, elle a échoué, en partie faute de volonté, en partie du fait de la conjoncture économique, mais aussi parce qu'on l'a négligée. Elle a rêvé de s'intégrer sans vraiment s'y décider. Elle s'est heurtée, dans une période plus difficile, aux réticences de la société française. Parfois elle s'est découragée, en a conçu de l'amertume, contre elle-même et contre le pays d'accueil. Mais elle s'acharne à espérer mieux.

Et puis vient la troisième génération, celle des petits Français aux cheveux noirs, au teint plus mat que les camarades « de souche », mais qui n'aura guère à la fin de ses études connu autre chose que les difficultés de la vie en banlieue. Et qui ne pensera qu'à s'en aller de Clichy-sous-Bois pour une autre ville de France.

Dans les caves et les parkings

Mounir a cinq ans, mais à qui ressemblera-t-il plus tard ?

À Cyril, qui, à l'âge de quatorze ans, marche sans but à travers les cités, les bois et les débris ? À Mamadou, qui, à dix-huit ans, erre la nuit dans les parkings ? À Oumar, qui, à vingt ans passés, discute avec ses copains, dans les caves, pendant des nuits entières ? Ou bien à Boulos, qui a entrepris des études supérieures avec une détermination remarquable ? Ou à Georges, qui, à l'approche de la trentaine, poursuit un hypothétique succès artistique ? Ou encore à Nabil, qui travaille pour la municipalité et a réussi à s'acheter un appartement dans une maison, une vraie, dans la commune voisine ?

Un après-midi de vacances d'un mois de février brumeux et glacial, Cyril venait de dégringoler de la barrière séparant le gymnase Vaillant-Couturier du stade Roger-Coltot. Sa crinière rousse jurait dans un paysage de crânes rasés et de cheveux noirs. Il était accompagné de – ou il accompagnait – ses trois copains, Onir, Mounir et Youssouf. Les gamins passaient à côté du chapiteau aux décorations berbères quand le maître des lieux les interpella pour m'être agréable. N'ayant rien d'autre à faire que de tuer le temps, les quatre promeneurs acceptèrent de venir parler avec moi dans une caravane. Deux d'entre eux étaient turcs, le troisième malien, mais Cyril proclama : « Moi, je suis français. » Et français il était effectivement puisque c'étaient ses grands-parents paternels qui étaient venus d'Algérie, et que son père avait acquis la nationalité avant d'épouser une Française « de souche ». « On se balade, il n'y a que ça à faire ici, disent-ils à l'unisson. Mais il faut faire attention. Dans les bois, il y a des mecs bizarres... »

Naguère, avant les émeutes, ils avaient aménagé une cave dans laquelle ils avaient tiré un câble de télévision et installé un vieux récepteur qui leur permettait de regarder feuilletons et dessins animés. Mais, dans la foulée des événements, le poste a été confisqué et un nouveau verrou a été installé à la porte du local. Depuis, ils marchent, parlent ou ne parlent pas. Parfois ils se blessent. L'un d'entre eux, qui a plus de mal à se déplacer, déclare avec humour : « Un grillage m'a attaqué le pied. J'ai quatre points de suture. » Avant toute chose, ils tiennent à manifester leur solidarité. Quand l'un d'entre eux a été obligé de redoubler, les trois autres ont fait de même, pour ne pas être séparés. « On est ensemble depuis la maternelle », souligne Youssouf. « Et on restera toujours ensemble », renchérit un autre. Ils n'ont pas grande confiance dans le Service municipal de la jeunesse (SMJ). « C'est toujours les mêmes qui partent », disent-ils. Et si Youssouf peut passer une semaine au ski, parce qu'il est malien et que ce sont les Maliens qui tiennent à ce moment-là le service, il n'ira pas. « On fait tout ensemble ou on ne le fait pas. »

Mais plus tard ? L'ambition est limitée, raisonnable.

Presque trop. « Ce ne serait pas mal, déjà, de faire comme nos parents ; l'avenir, on y pense pas trop. » Il faut éviter de faire comme les grands. « Ils n'ont pas de travail. Ils cherchent trois fois, quatre fois, et puis après ils se disent : "C'est bon ! Pas la peine de continuer !" Nous, la religion, ça nous apporte quelque chose. Dieu, il nous donne des conseils ; il nous dit de nous contrôler, de ne pas faire de bêtise. Les grands, c'est les dix-huit ans qui ont brûlé des voitures. Ils l'ont fait pour exprimer leur colère, contre la police, contre Sarkozy... Eux, ils n'ont pas de travail, ou alors dans la manutention, dans l'intérim. » Propos étonnamment raisonnables. Et quand, enfin, ils parlent de l'avenir, c'est pour souhaiter un bon métier qui rapporte de l'argent, mais aussi qui soit intéressant. « Quand tu taf c'est que ça te plaît. »

Onir, Mounir, Cyril et Youssef ne se sont pas encore laissés aller au renoncement. Mais le sort d'Ahmadou et Khalilou les guette. Ces deux-là sont plus âgés, dix-huit ans. Ils n'accepteront de me rencontrer qu'au milieu de la nuit, dans une voiture amie, stationnée pendant un peu plus d'une heure sur un parking. Collège, lycée – brièvement, le lycée –, des études interrompues par l'ennui. Quelque fois simplement par la réflexion maladroite d'un professeur. Comme dit un des animateurs au Service municipal de la jeunesse qui a connu cela avant de s'en tirer par miracle : « Je me débrouillais à l'école, et puis un prof m'a orienté vers quelque chose que je ne voulais pas. Vers un lycée professionnel, à Aulnay. C'était loin. Il fallait se lever très tôt pour aller aux cours. On les a séchés parce que ça ne nous intéressait pas. On n'apprenait rien. Ou en tout cas rien de ce qui nous intéressait. Alors, on allait sur Paris. Il n'y avait pas trop de contrôle dans les trains. La première fois que je suis arrivé au Forum des Halles, je me suis cru à New York. J'étais émerveillé. Mais on n'avait pas d'argent. Je comprends qu'il a volé. « Les amendes, dans le train, c'est un engrenage. Pour les payer, il faut de l'argent, et on glisse lentement vers la délinquance. »

Pour Ahmadou et Khalilou, faire brûler des voitures, c'était un moyen de se faire remarquer, de protester contre tout, la police, les autorités, Sarkozy et ses propos sur la racaille qu'il faut nettoyer au Karcher, mais aussi contre les parents. « C'est vrai, ils envoient l'argent au pays, même celui des Allocations familiales. Mais nous on vit ici. »

Leurs ambitions hésitent entre l'installation dans la révolte ou dans le conformisme. L'un voudrait être plus tard l'équivalent français de Malcom X, le doctrinaire de la révolte des Noirs américains, l'homme qui disait : « Je hais la moindre goutte de sang blanc qui coule dans mes veines. » L'autre contemple, la nuit, une des rares maisons anciennes de Clichy et dit : « Moi, je veux un pavillon comme ça, plus grand même. Et je suis prêt à passer vingt ou trente ans à le payer. » La conversation s'étire. Elle glisse sur les filles, qu'ils ne voient pas, ne touchent pas. « C'est toujours la sœur de quelqu'un... Et puis les filles, ici, elles ne se lavent pas. Ça ne suffit pas de se mettre du parfum entre les jambes... »

Les filles, elles, ne manifestent pas une grande estime pour les garçons de leur âge. « Ils veulent que, l'argent, ça rentre vite, tout de suite. Ils se découragent rapidement. Ils disent que, de toutes façons,

leur avenir est tracé. Ils écoutent trop le rap...
Comme ça, ils se renforcent dans leurs idées. »

Aichatou, dont les parents sont maliens, précise :
« Moi, mon frère, tous les trois mois il change de
métier. »

Sofia s'inquiète : « Moi, au lycée, il y a un garçon
qui m'a montré un chèque de quinze mille euros. Je
me demande comment il a fait pour avoir ça ! »

Quand on se promène le soir, à Clichy, du côté
d'Anatole-France, là où se tient le marché, ou au
Chêne-Pointu, ou encore le long de la forêt de
Bondy, on rencontre à l'occasion des bandes de garçons, plus rarement des petits groupes de filles. Mais
les uns et les autres ne se rencontrent jamais, ne
s'adressent pas la parole, se tiennent à distance
comme si l'approche d'un contact pouvait provoquer
des étincelles, une explosion même.

« Ça n'existe pas l'amitié entre filles et garçons »,
dit Mounia, la Tunisienne, qui, avec ses amies, a
accepté de me parler dans les locaux d'une association. Au lycée, elles admettent que l'on peut adresser
la parole à un garçon, peut-être même avoir un début
de conversation. Mais dès qu'on franchit la porte
pour « rentrer à Clichy », il n'en est plus question.
« Si on te voit avec un garçon dans la rue, il y aura
aussitôt quelqu'un pour le rapporter à ton frère. Et
alors... » Alors, ce sera l'interrogatoire, la mise en
accusation dont on sera bien en peine de se tirer. Et
si le grand frère n'est pas satisfait des réponses, il le
fera savoir aux parents. Si on perd la confiance, pour
la retrouver, c'est long ! »

« Toi, tu ne sors plus ? demande Aichatou.

– Oui, c'est ça. » répond Sonia.

Là se dessine un clivage entre deux cultures. Chez les renois[1], on se permet et on permet beaucoup plus. Chez les rebeus[2], c'est infiniment plus strict. Mais, en public, le regard des autres empêchera n'importe quelle fille de manifester un signe d'intérêt, et encore moins d'affection à un garçon. Se tenir par la main ? Elles pouffent. « Ça, c'est dans les films ! » Pourtant, une d'entre elles observe : « Si, j'ai vu ça à Paris ! »

Elle parle d'une autre planète, si proche et si différente.

Parmi elles, une lycéenne d'origine tunisienne est voilée. Elles sont une vingtaine à remettre le voile à la sortie de l'établissement. Une vingtaine sur quatre cents·filles environ. Chaque année, on en compte quelques-unes de plus : « Celles qui sont voilées, elles n'ont pas droit à l'erreur. On les respecte... mais on les observe aussi. »

Enfin, il faut éviter la mauvaise réputation.

« Avec ça, ici, ta vie est finie... »

Des garçons de quatorze à seize ans rencontrés au centre social expliquent : « Les filles d'ici, on peut pas y toucher. Les seules avec qui on peut parler sont celles des pavillons. Avec les Françaises, il y a moins de problèmes. »

La pression – pour ne pas écrire la répression – de la communauté, dans ce domaine, est terrible. Qu'un garçon de seize ou dix-huit ans se voie interdire par la coutume d'avoir le moindre contact avec une fille de son âge, qu'il soit obligé de brider les pulsions qui se multiplient avec le temps et

---

1. Comme chacun sait, *renois* = noirs.
2. *Rebeus* = beurs, arabes.

deviennent chaque année plus impérieuses, n'est-ce pas là une des causes majeures des explosions de violence ? L'incendie et l'explosion d'une voiture ne seraient-ils pas une forme d'orgasme de haine ? Les parents ont amené avec eux les interdits du bled sans même savoir que, depuis leur exil, le bled a changé : les filles d'Alger portent la minijupe aguichante. À Clichy, on ne voit jamais une fille en jupe courte. Montrer ses genoux serait sanctionné encore plus brutalement que ce ne fut le cas quand, dans les années 1960, une speakerine se vit à jamais interdite d'antenne à l'ORTF pour avoir laissé apercevoir l'arrondi d'une rotule.

Oui, les émeutes de banlieue sont aussi l'expression d'une révolte du sang des adolescents qui bouillonne. Et – même s'ils ont beaucoup de mal à l'admettre et à le dire – d'une révolte contre le monde que leurs parents ont transféré dans ce pays, où, à la télévision comme sur les affiches, on peut voir tant de femmes dénudées. Et terriblement désirables.

Squat

Ce soir, j'ai rendez-vous avec Christophe. Je l'attends dans la nuit, au coin de La Forestière et d'Anatole-France. Dix fois je crois le voir, alors qu'il ne s'agit que d'ombres pressées, de silhouettes encapuchonnées qui avancent nonchalamment vers une destination incertaine. Des hommes d'âge mûr, au pas presque pesant. Des garçons qui marchent en couple en parlant à voix basse. Un groupe, un seul, de filles rieuses et inquiètes. La nuit, évidemment, appartient aux mâles.

Voilà enfin Christophe, accroché à son téléphone qui lui permet en marchant de diriger des opérations inconnues. Je n'entends que des bribes de ce qu'il dit : « On ne négocie pas avec moi... » C'est le langage d'un chef, celui qu'affectionnent les adolescents qui prétendent régner sur un immeuble ou un quartier. Il me guide. Je le suis sans qu'il prenne la peine de dire un mot. Quand nous arrivons en lisière du bois, je comprends le pourquoi de la tension qu'il manifeste. Une petite troupe est rassemblée, à l'orée d'un chemin forestier, autour de deux voitures. Les salutations sont brèves. La méfiance est épaisse autant que l'obscurité. Christophe lui-même n'est pas certain d'avoir bien fait de m'amener là. Je tente d'adoucir le bloc de suspicion auquel je me heurte avec des phrases anodines. Et j'essaye de faire parler ces noires statues qui ne lâchent, comme à regret, que des phrases ambiguës. Même comme cela, le discours est convenu. Ils m'expliquent que l'on ne peut construire sa vie qu'en travaillant ; qu'il n'y a pas à Clichy aujourd'hui de trafic de drogue ; que leur vie est difficile mais qu'ils y font face ; que les emplois sont rares mais qu'ils déploient beaucoup d'énergie pour les trouver et les garder ; qu'ils sauront à la fin surmonter tous les obstacles. Du blabla !

J'ai cru pouvoir un moment m'appuyer sur une des deux voitures qui stationnent au milieu du groupe. Mais, comme s'il voulait manifester sa réprobation, le conducteur a mis le moteur en marche. De la buée sort de nos bouches, de la fumée du pot d'échappement. Respirer, à l'orée du bois, du brouillard et des gaz toxiques devient pénible, presque douloureux. En plus, il fait froid et je fatigue. Aussi est-ce avec un soulagement certain que j'entends quelqu'un lâcher : « Allez, venez, on va dans notre squat se réchauffer ! »

Traverser la rue, qui est une route, marcher dans la boue de ce qui fut un espace vert, se faufiler entre des automobiles laissées à l'abandon, contourner un immeuble, franchir un autre parking, descendre des marches, en remonter, en redescendre, frapper à une porte blindée... C'est un itinéraire clichois !

On toque selon un code prédéterminé. Une fois, deux fois, sans succès. À la troisième tentative, un soupçon de voix se fait entendre. Méfiance à l'intérieur. Énervement du côté de mes accompagnateurs. Le ton monte. La porte s'ouvre comme à regret.

Dans ce sous-sol, il fait plus doux. Il y a de l'espace et de la lumière, une lumière pâle et triste. Il s'agit d'un couloir large de plusieurs mètres, qui s'allonge entre deux rangées de portes métalliques coulissantes, comme celles qui ferment les garages. Je questionne sur la destination du lieu. « Ce sont des box de rangement... » Je n'en saurai pas plus parce que mes guides n'ont pas visité, ou ne veulent pas donner l'impression d'avoir visité ces locaux privatifs. Peut-être, du reste, n'y a-t-il pas grand-chose là-dedans. On sait bien, ici, que tout ce qui a un peu de valeur peut être pillé à tout moment. Plusieurs de ces box sont ouverts et vides, comme si l'on avait renoncé à y entreposer quoi que ce fût.

Le mobilier du squat se compose en tout et pour tout de quelques chaises métalliques dépareillées. On me met en garde : celle dont je me suis emparé est particulièrement bancale. Et on m'indique les mouvements qu'il faut éviter si l'on ne veut pas tomber.

Après les discours convenus tenus à l'extérieur, un peu de vérité se dévoile. Les blagues à tabac et le *shit* sortent des poches ; mais le besoin de respectabilité est toujours là. On m'explique qu'une enquête récente a démontré qu'on ne fume pas plus ici que dans les beaux quartiers de l'ouest parisien. Paris et la banlieue... Que la capitale est éloignée !... Dans ce sous-sol, on en parle comme d'un autre monde, un monde auquel on n'a pas accès.

Combien sont-ils autour de moi ? Huit, dix, douze ? Difficile à savoir car on entre et on sort constamment du refuge. On va faire un tour à l'extérieur et on revient. On se retrouve entre copains du même âge. On s'est connu à l'école, au collège, au lycée pour ceux qui y ont abouti. On s'est un jour juré de ne pas se perdre de vue. Noirs d'Afrique ou des Antilles, Tunisiens, Algériens, Égyptiens – oui il y a des Égyptiens ! Et puis le « Chinois », ou du moins celui qui se dit chinois. À celui-là je réplique : « Non, vous n'êtes pas chinois, vous êtes cambodgien. » Un peu déçu, il reconnaît que sa famille vient du Cambodge. Il est déçu de ne pas m'avoir trompé, mais il est heureux qu'on ait deviné une part de son identité. Et quand mes compagnons se dévoilent, lorsqu'ils laissent tomber le masque, apparaît en eux quelque chose d'émouvant. Ce qui les intéresse ? L'argent. Pas des sommes faramineuses, et c'est cela qui est touchant, mais de quoi mener une petite vie. Leurs ambitions sont limitées : avoir à soi un petit appartement ailleurs, pouvoir fuir Clichy. Plus tard se marier. « Mais, sans l'argent, tu ne peux rien faire. » De l'argent gagné honnêtement. « Celui qui touche le paquet, il le dépense tout de suite. » Visiblement, là aussi, ils parlent d'expérience. Leurs rêves sont simples. Posséder un pavillon, comme ceux qui habitent sur les bordures de la commune, ceux qui ont quitté les immeubles où leurs parents avaient abouti lors de leur arrivée en France, où ils avaient reconstitué la vie du pays, où ils continuent d'économiser l'argent qu'ils envoient là-bas, là-bas où, un jour, ils se retireront, dans la maison somptueuse qu'ils auront fait construire, cette maison qui fait rêver les neveux restés au pays, lesquels, eux, ne pensent qu'à venir ici pour suivre l'exemple de ces aînés qui ont « réussi » en France.

Mais il y a aussi celui qui ne peut entretenir ce genre de rêve, le « Chinois ». Lui ne retournera jamais « chez lui » parce que son « pays » a disparu, victime de la fureur des hommes qui croyaient construire sur les cadavres un monde nouveau. Dans la rage « purificatrice » des Khmers rouges, les familles ont été dispersées, décimées ou anéanties. Les morts ont été jetés dans des fosses communes. Les temples ont été rasés. Le bétail a été déplacé vers les huttes des commissaires politiques. Le « pays » a disparu. Les familles de Clichy n'y retourneront plus.

Le petit Chinois *tise* son *sky*[1] à petites lampées, petites mais répétées. L'alcool enflamme peu à peu le désespoir qu'il tente de noyer.

Aux uns puis aux autres, il s'en prend. Et enfin à moi : « Moi, je tise et je ne dis rien aux autres. Moi, je vous respecte... Je vous respecte », répète-t-il encore et encore en s'approchant de moi comme s'il voulait me provoquer. Et puis, déçu de mon absence de réaction, il recule pour s'appuyer contre la porte d'un box, la bouteille de *sky* à la main. C'est une petite bouteille. Une de ces flasques en plastique auxquelles se résignent, du fait de leur prix modique, les voyageurs imprévoyants ou les alcooliques désargentés. Il va de l'un à l'autre pour expliquer qu'il est un « bonhomme », qu'il ne reproche pas aux autres de fumer leur joint, mais qu'il a le droit de *tiser*, qu'il les respecte mais, encore une fois, qu'il est un « bonhomme. » Il a besoin de provoquer. Il s'adresse au moins costaud de ses compagnons, le petit Égyptien taciturne. « C'est vrai, je suis un fils de pute ! Mais je suis un bonhomme, cousin ! Et toi, tu es aussi un bonhomme ? » Au premier mot de réponse, il

---

1. Boit son whisky, prononcez « skaï ».

commence à s'emporter, éructe des noms, des mots, tout un vocabulaire que je n'entends pas toujours et que je ne comprends presque jamais. Comme il faut bien le calmer, Oumar le rappeur se penche vers lui et lui demande de ne pas insister.

« Je sais que je suis un fils de pute, cousin. Mais pourquoi tu prends parti pour lui ? », crie-t-il, sans se rendre compte que la dispute qu'il vient d'engager est dirigée contre lui-même ; que les autres, ses amis, ne sont que des spectateurs passifs, souvent désolés et même compréhensifs dans la mesure du possible. Dans le délire mortifère qui l'habite, il souffle à la figure d'Oumar son haleine alcoolisée : « Je te respecte, mais ce n'est parce que tu es le plus fort que je vais me coucher. Moi, je suis un bonhomme, sur les yeux de ma grand-mère ! » Alors, Oumar se lève, tire par le bras son camarade titubant et l'emmène au fond du corridor. Tous deux disparaissent dans un box ouvert, et l'on entend un grand fracas de ferraille, vraisemblablement celui d'un corps jeté contre une des portes métalliques qui ferment ces espaces. Encore une fois, et puis une troisième.

Je m'inquiète, fais mine de me lever pour aller voir ce qu'il en est. On me demande de rester en arrière, et trois des garçons vont constater les dégâts. Quand ils reviennent : « Il dort maintenant. » S'agit-il d'un sommeil alcoolique ou bien le « bonhomme » a-t-il été assommé par le chef ? Le « Tunisien » s'étonne : « Je n'ai jamais vu Oumar comme ça... » Ledit Oumar revient, mais envoie les deux Égyptiens ramasser les morceaux au fond du corridor. L'instant d'après, ils sont de retour avec le « Chinois », qui a du mal à tenir sur ses jambes. Il cherche quand même des yeux sa bouteille, mais le *sky* a été confisqué par quelqu'un qui, d'un coup de pied, a envoyé la flasque valser dans un recoin sombre.

À peine de retour, le « Chinois » recommence, mais sur un autre ton, moins agressif. Comme avant, il cherche la considération et l'approbation de ses camarades. C'est ce qu'on appelle ici le « respect. » Il fait remarquer à Oumar qu'il savait bien que ce dernier était plus fort que lui. Il lui demande pourquoi il a pris la défense du petit Égyptien. Oumar baisse la tête. Il refuse de reprendre la conversation, et peut-être la dispute.

Les autres se détournent. Quelqu'un a apporté un ballon. Alors, dans ce sépulcre, s'engage une partie de football animée par un nouvel arrivant, Décibel, ainsi nommé tant sa voix, ses interpellations, ses cris de joie ou de souffrance toujours excessifs envahissent l'espace souterrain.

Christophe a fait sa réapparition : « Viens, me dit-il, il est une heure et demie. Ceux qui travaillent demain ne vont pas tarder à partir, et les autres sont là jusqu'à quatre ou cinq heures du matin. »

« Et le Chinois ? lui demandé-je. Pourquoi a-t-il ce comportement d'autodestruction ?

— Tu sais, régulièrement, il y en a un qui craque, et puis ça passe... »

Nous sortons à l'air libre. La nuit est calme. Les fenêtres des tours sont éteintes.

Clichy dort en surface. Pas en sous-sol.

Religions

Le père Jean porte une étole verte sur sa chasuble. De sa haute taille, perché sur les marches de l'autel, il domine l'assistance, mais il se penche pour lui expliquer avec des mots simples le sens de la liturgie. Le corps du prêtre est puissant, même s'il est un peu cassé par l'âge. Sa voix forte. Elle pourrait être impérieuse, promettre aux flammes les incroyants. Il s'efforce pourtant, sans l'adoucir exagérément, de la moduler pour qu'elle pénètre par persuasion plus que par injonction. « L'Agneau de Dieu, ça voudrait dire quoi ? » Et de rappeler que cela évoque la demande du Seigneur adressée à Abraham de sacrifier son fils Jacob, l'accord déchirant donné par Abraham, le geste du Tout-Puissant qui retient la main de Son serviteur et la substitution du bélier à l'être humain. Il signale que c'est en commémoration de ce moment que les musulmans fêtent l'Aïd. Il raconte aussi la Pâque juive, le sang de l'agneau étalé sur la porte de la demeure des fidèles qui les préserve de la calamité divine. Et il dit : « Plus tard, Jésus sera vraiment l'Agneau de Dieu sacrifié sur la croix. »

L'assistance est africaine, antillaise, un peu tamoule. On discerne à peine quelques visages plus clairs, quelques peaux mates, peut-être des Espagnols, des Portugais. Il serait difficile, en regardant les enfants, d'évoquer « nos chères têtes blondes ». Les bébés et les tout petits gazouillent ou pleurent doucement. Les mamans sortent pour les calmer. Les hommes portent cravate, les femmes sont gantées. On s'est endimanché pour la messe. Quand celle-ci s'achève, on se sépare en se congratulant. Les vieilles dames, les personnes les plus blanches de l'assistance, s'empressent de desservir, tandis que les jeunes mamans noires se réunissent autour du curé pour s'entendre dire que, le 29 janvier, il y aura réunion des « frères africains » à la maison paroissiale.

Et tandis que la chapelle Jean-XXIII se vide de ses fidèles du dimanche, l'électricité éclaire encore quelques instants les scènes de l'Évangile et de la Bible représentées sur des panneaux de lin accrochés aux murs. Puis tout s'éteint. Le prêtre sort, et ce qu'il laisse derrière lui n'est plus une église mais un bloc de béton coulé là il y a quelques décennies, à côté de la chapelle Notre-Dame-des-Anges, haut lieu du miracle à qui Clichy doit son existence.

Il me fait signe de le suivre et, quand je me porte à sa hauteur : « Venez donc, nous allons parler. »

Je l'interroge : « Comment savez-vous qui je suis ? » Il répond : « Mais n'avez-vous pas remarqué pendant la messe que vous étiez le seul individu mâle, blanc et d'âge adulte ? »

Quand le père Jean est arrivé à Clichy, il y avait deux prêtres. Dix ans auparavant, ils étaient trois. Dans dix-huit mois, il prendra sa retraite et il n'est pas certain qu'on trouve à le remplacer par un curé résident qui ne servirait que cette paroisse. Il a peut-être des moments de découragement, par exemple quand il avoue qu'il a renoncé à faire le catéchisme à des enfants qui ne s'y intéressent pas vraiment. Et peut-être qui ont peur « parce qu'ils sont montrés du doigt par les autres, par les musulmans qui sont très durs ».

« Cette diversité culturelle, dit-il encore, est pénible. Il n'y a pas de relations, dans les immeubles, entre les communautés. Et moi-même, dans les rencontres œcuméniques, il m'arrive de me heurter à l'intransigeance. Le jour où j'ai parlé de « Jésus, fils de Dieu », je me suis attiré une réaction violente : « Tu n'as pas le droit de dire ça, tu insultes Dieu. » Mais c'est ma religion. Je sais maintenant que je ne peux pas prononcer devant les musulmans les mots « Sainte Trinité ». Quand se sont produits les attentats du 11 septembre, tous les responsables musulmans, religieux et laïcs, se sont sentis véritablement écrasés. Alors, nous, les prêtres de Seine-Saint-Denis, nous avons décidé de faire quelque chose. Je suis allé voir l'imam d'en bas. Ensemble, nous avons rédigé une déclaration dans laquelle on parlait de fraternité. Tous les commerçants à qui on la distribuait étaient contents, mais il n'était pas question d'aller plus loin, de dire que Dieu est ci ou ça. Ça s'est arrêté là. On ne pouvait pas risquer l'affrontement. J'ai trop besoin des musulmans pour construire la paix ! Mais l'année dernière, j'ai encore eu une grande déception. À la fin du ramadan, l'évêque leur a adressé un message fait de mots généreux et amicaux... À Pâques, personne n'est venu me voir de ce côté-là. Personne ne m'a dit "bonne fête". »

Regrets aussi quant à l'attitude des Assyro-Chaldéens. « Ils ne viennent jamais à nos fêtes. Ils sont pourtant catholiques ! Mais s'ils se mélangent à nous, ils n'existent plus en tant que communauté. L'unique identité de ce peuple sans terre, de ces fils de l'Église de Rome, c'est leur langue, l'araméen, la langue du Christ, mais un araméen qui s'est agrégé des mots et des expressions de turc et d'arabe, un araméen au goût du jour. Ce n'est plus tout à fait le langage dans lequel saint Thomas les a évangélisés. Mais c'est tout ce qui leur reste de leurs origines car jamais plus ils ne retourneront dans leur pays. »

À travers les propos du prêtre, je saisis que, ce qui était dur, pour lui, ce n'était pas tant la mixité culturelle que ce communautarisme qui veut se perpétuer, et qui, pour se perpétuer, empêche les échanges. Si la vie communautaire est perçue comme le seul moyen de mener une existence heureuse, tout ce qui peut ébrécher l'identité collective du groupe représente un danger pour celui-ci et doit être combattu. Accepter de s'intégrer dans une collectivité de plus grande ampleur, c'est mettre en danger les habitudes, les modes de vie, le confort de l'esprit, mais aussi toutes les autorités internes, celles des religieux, des élus, de la communauté et des parents. C'est dévider le cocon que l'on a reconstitué sur le territoire d'immigration, cocon qui donne à ceux qui s'y trouvent un sentiment de sécurité et de sérénité relatives, à ceux qui l'ont tissé la satisfaction de représenter les autres, d'arbitrer les querelles, et, parfois, l'argent qui va avec ce statut.

Le curé, aujourd'hui un peu fatigué par l'âge et toute l'activité qu'il a dispensée au cours de ses quinze dernières années de vie clichoise, a tout de même pu enregistrer quelques grandes satisfactions. La réhabilitation-sauvegarde de la chapelle Notre-Dame-des-Anges, acquise à la force du poignet qui mariait le pinceau et le rouleau, avec l'aide de la solidarité des jeunes paroissiens venus dresser l'échafaudage loué à une entreprise, avec le soutien financier du diocèse et de quelques paroisses environnantes plus riches que celle de Clichy.

Le religieux est triste de constater que son troupeau de Français « de souche » a diminué au cours des années. « Je ne célèbre que trois ou quatre mariages chaque année. La préparation se fait ici, mais chacun ou presque retourne sur la terre familiale pour le grand jour, que cette terre soit en France, ailleurs en Europe ou au-delà des mers. »

Et pourtant, il y a des satisfactions. L'église et la maison paroissiale servent de lieu de rencontre, notamment pour quelques jeunes filles heureuses de trouver un endroit où parler librement. Et puis la chapelle accueille des paroissiens imprévus, sri-lankais et indiens. « Chez les Tamouls, un quart est chrétien et les trois quarts hindouistes, mais avant tout, ils sont tamouls. Et les hindouistes qui n'ont pas de lieu de prière viennent à l'église. Parfois, ils se présentent à la communion et m'offrent leur front pour recevoir une bénédiction. Et puis, voyez-vous, ce qui me touche le plus, c'est qu'après tant d'années, malgré toutes les difficultés, une communauté s'est formée, une communauté d'amitié, pas une communauté ethnique, car elle mélange plusieurs origines géographiques. La JOC, la Jeunesse ouvrière catholique, y contribue. Elle s'est montrée très active en recueillant des signatures pour que l'autobus 601 effectue des passages plus fréquents, qu'il fonctionne plus tard dans la journée. Les jeunes avaient demandé aussi que l'on mît en service des bus doubles sur la ligne, mais ils n'ont pas obtenu satisfaction. L'Action catholique ouvrière a servi de conseil aux grévistes de Romainville, et des travailleurs non spécialisés sont parvenus, grâce à son aide technique, à démontrer à l'employeur et au public qu'une augmentation modérée de leurs rémunérations ne mettrait pas l'entreprise en danger. »

Mais, au fond, le découragement le gagne quand il évoque la vie quotidienne dans la commune. « J'ai vraiment mal quand je me rends au Chêne-Pointu et que j'apprends qu'un gamin de douze ans, à qui de jeunes adultes donnent cent euros par jour pour faire le guet, arrête ses études. »

Un fossé culturel terrible s'élargit sans cesse entre ceux qui vivent ici et la grande ville toute proche...

*

* *

Le jeune imam gesticule avec véhémence quand il interrompt la lecture du texte qu'il a préparé et écrit de sa main pour le commenter. Sa main gauche, alors, s'envole, tandis que la droite reste fermement accrochée au bâton de prédication. Tantôt l'index pointe vers l'assistance pour la mettre en garde contre la tentation de se laisser aller à quelque mauvais comportement ; tantôt l'index rejoint le pouce afin de s'assurer que le message a bien pénétré les esprits. Enfin, la paume retournée s'élève vers le ciel pour implorer sa bénédiction. Non, ce n'est pas tout : la main, de gauche à droite, dans un mouvement saccadé, intime l'ordre de comprendre que certains comportements ne sont pas acceptables. Et quand la véhémence l'emporte sur la persuasion, elle hache l'air, comme pour couper la tête de celui qui s'est opposé à la loi divine. La main semble n'en avoir jamais fini, par sa gestuelle, de suggérer. Maintenant, elle va d'avant en arrière, comme pour donner, reprendre, donner, reprendre encore, donner, reprendre sans cesse. L'imam se penche vers les fidèles pour les prendre à témoin. Il se tourne vers l'un, puis vers l'autre pour les interpeller plus personnellement.

Tout est blanc chez le célébrant : son turban, l'écharpe dont il s'est enveloppé le cou, sa robe évidemment. Même la chaire, sur la troisième marche de laquelle il s'est juché. Et le mihrab en contreplaqué qui, dans un coin de la pièce, indique la direction de La Mecque. Il prêche en arabe, mais, ici et là, dans le courant du discours, tintent des mots franglais : baskets, supermarché, location, publicité, boîte aux lettres. Il s'agit, on me le dira, d'expressions illustrant une sorte de cours d'instruction civique, un appel aux musulmans pour qu'ils suivent l'exemple du prophète qui, dans sa vie, a montré le chemin d'une conduite sans faute, qu'il s'agisse de la révélation qu'il a recueillie et fait connaître, ou du comportement sans faille qu'il avait avec ses familiers, ses voisins, sa ville et les tribus qui reconnaissaient l'enseignement divin. Et même les populations du Livre. Aussi est-il coupable de jeter n'importe où les « publicités » qu'on ramasse dans sa « boîte aux lettres », ou les sacs qu'on rapporte du « supermarché ».

Le prêche s'achève. L'assistance scande par des *Amin*, analogues à ceux des Chaldéens et similaires, à la prononciation de la deuxième syllabe près, de celui des chrétiens d'Occident, une longue liste d'invocations.

On se congratule, on échange, en français le plus souvent, quelques mots d'amitié. Un individu hirsute, cheveux longs et barbe embroussaillée, vêtu d'un treillis militaire, fait son apparition. Il n'a pas suivi l'office mais est venu susurrer quelques mots à l'oreille de l'imam. Il se retire aussitôt.

La pièce se vide. Elle abritait une trentaine de fidèles en pull, en blouson, en manteau et, pour deux d'entre eux, en djellaba. Surtout des hommes d'âge mur. Bien loin, en tout cas, de l'état fièrement présenté par un responsable de la communauté qui parle de la présence à la mosquée, chaque vendredi, de trois mille personnes, parmi lesquelles beaucoup de jeunes. Je n'en ai vu que deux. Ce sont les couvre-chefs qui, presque seuls, conservent un caractère exotique : bonnets de fourrure ou de laine, chéchia ou calotte blanche. La mosquée dévoile, quand les participants à la prière s'en vont, ce que fut sa vocation originale : un appartement de rez-de-chaussée dans un immeuble en copropriété au quartier du Chêne-Pointu. La pièce dans laquelle officie l'imam fut à coup sûr un double-living. Quelques fidèles arrivés en retard ont dû suivre l'office assis dans une autre pièce sonorisée. Et les femmes, s'il y en avait, ce que je ne sais pas mais qu'on m'affirme, se retrouvent dans une pièce de l'étage supérieur où il leur est permis d'entendre le prêche sans côtoyer les hommes.

La salle principale n'est décorée que d'un tableau qui affiche les heures de prière, et d'un ventilateur à pales dorées qui doit être bien utile pendant l'été.

L'imam me fait signe d'approcher. Sa barbe soigneusement taillée ne peut dissimuler sa jeunesse. Il porte les lunettes aux verres épais qui signalent un homme qui s'est abîmé les yeux en travaillant de trop longues heures sur les textes sacrés. Il confirme simplement ce que l'interprète a bien voulu m'expliquer sur le sens de son prêche. Et encore à grand-peine, car son français est loin de valoir son arabe. Il est né, dit-il, dans une ville du Maroc où la tradition religieuse est très forte. De toute façon, il ne souhaite pas s'entretenir avec moi longtemps car il n'est que l'imam remplaçant d'un religieux bien connu et très lettré. C'est entendu. C'est ce qu'on m'avait patiemment expliqué ! Pour le reste, on me confiera au président de l'association islamique du Bas-Clichy. Je n'en saurai pas plus. Peut-être veut-on ainsi me faire comprendre que le rôle de l'imam n'est pas de mener les affaires de la communauté.

*
*   *

Ce président est Mohamed. Il a l'œil vif et malin, le teint rose ; la barbe serait blonde si elle n'avait pas commencé à blanchir. S'il ne portait pas le burnous, personne ou presque ne pourrait discerner son origine et sa nationalité algériennes, nationalité qu'il a conservée depuis son arrivée en France, le jour de Noël 1963. C'est en 1977 qu'il a débarqué à Clichy. « À l'époque, Clichy, c'était le top », dit-il.

Comme d'autres, beaucoup d'autres, musulmans ou non, il regrette cette époque. Sauf que... il n'y avait pas alors de mosquée. Mais les musulmans étaient moins nombreux, et il ne ressentait pas alors de tension parce que les communautés ne s'étaient pas organisées, ne s'étaient pas claquemurées dans l'identité de leur pays d'origine.

Dans les années 1980, les employés et les cadres qui au départ avaient peuplé les grands ensembles de la ville ont commencé à les quitter. Les prix des logements se sont effondrés, et les premiers occupants ont peu à peu été remplacés par des Turcs, des Maghrébins et des Africains, musulmans et chrétiens. La population islamique est devenue si nombreuse qu'il a fallu ouvrir une mosquée pour permettre aux croyants de pratiquer leur religion. C'est en 1984 que Mohamed et quelques autres ont obtenu de la municipalité l'autorisation d'acheter un appartement pour le transformer en lieu de culte. Car la mosquée du Bas-Clichy n'est pas un bâtiment en soi. Elle se situe dans la barre du STAMU 2, un bâtiment très délabré, dont le parking est peuplé presque autant d'épaves que de voitures en état de marche. Sur les trottoirs du STAMU, le bitume a disparu. Souvenir anachronique de la splendeur du lieu, un paillasson en lambeaux gît encore à l'entrée du bâtiment B. L'appartement qui abrite la mosquée se reconnaît aux quelques paires de chaussures déposées devant la porte. En 1992, les lieux, affirme Mohamed, sont devenus trop étroits pour faire face à l'affluence. Le propriétaire de l'appartement voisin, très endetté, était prêt à vendre son logement à l'association islamique, mais la mairie, encore sous l'autorité du parti communiste, a fait de la résistance avant de céder. Maintenant, il y a une pièce à l'étage supérieur où les femmes peuvent suivre le service, l'ensemble étant relié par un circuit audio. Et surtout, au rez-de-chaussée, se trouve, contiguë à la mosquée, une salle de classe avec tableau, chaises et tables, qui sert au rattrapage scolaire. « On a des professeurs qui viennent aider bénévolement, dit Mohamed. Ils enseignent les maths et la physique, mais aussi l'arabe, qui est la langue maternelle de beaucoup d'enfants. Et puis, ajoute-t-il, le Coran ne se dit qu'en arabe et, pour participer à la prière, il faut savoir un minimum de cette langue. Le vendredi, on rassemble les chaises et les tables pour que les fidèles, trop nombreux pour le petit espace de la mosquée, puissent se retrouver là et écouter le prêche prononcé dans la salle d'à côté. »

L'association islamique du Bas-Clichy ne se reconnaît aucune affiliation avec telle ou telle composante du Conseil français du culte musulman. Ses responsables se refusent à discerner entre Marocains, Tunisiens et Algériens. Entre Maliens et Sénégalais. Ils ne veulent pas non plus singulariser les Turcs. Mais le spectacle de la petite assemblée du vendredi m'a donné l'impression que les pratiquants étaient beaucoup moins nombreux, et moins divers dans leur origine géographique, que le président de leur association ne l'affirmait.

Clichy, pourtant, dispose d'une singularité : un petit bâtiment, situé à proximité du lycée. C'est le BKM, autrement dit le Burger King Muslim, ouvert en 2005. L'endroit n'est pas déplaisant. Il semble plus propre que le McDo, qui le surveille d'un air jaloux à quelques centaines de mètres de là. La lumière y est étudiée pour créer une ambiance agréable. Si les murs, les abat-jour et les ampoules ont été choisis dans la gamme des jaune, marron et orange, comme dans tout Burger King qui se respecte, le choc vient de la présence de serveuses voilées. Elles n'ont pas seulement la tête couverte du foulard qui a tant fait parler, elles sont littéralement emballées dans les couleurs Burger King : robe marron, foulard beige qui cache le cou, mais encore voile noir qui enveloppe les cheveux et, comme si cela ne suffisait pas, un bandeau blanc leur ceint le front. Elles sont beaucoup plus cachées que les femmes de Téhéran. Elles sont l'illustration parfaite de la combinaison du fast-food américain et des préceptes de Mahomet, tels qu'on les applique aujourd'hui dans les terres d'islam les plus rétrogrades, à l'exception tout de même de l'Afghanistan, car elles ont échappé de peu à la burqa, qui ne laisse rien voir du visage.

Le spectacle est d'autant plus étonnant que les consommatrices sont nombreuses à entrer tête nue, et que, l'un des trois soirs où je m'y suis rendu, la télévision présentait l'épreuve de patinage artistique féminin, discipline dans laquelle les compétitrices n'arborent pas une tenue spécifiquement islamique. J'avais commandé à cette occasion un des mets proposés qui, en soi, était déjà une étrange combinaison : un hamburger au bacon hallal. J'ai cru un moment me trouver dans une situation totalement loufoque, mais plusieurs apparitions sont venues me ramener à la réalité. En l'espace de quelques minutes, plusieurs couples ont fait leur apparition, qui, eux, étaient en parfaite adéquation avec l'appellation du lieu. Des hommes à la bedaine imposante, en robe et calotte blanche, la barbe bien fournie, suivis d'épouses disciplinées, au visage enveloppé de foulards gris ou marron, qui trottaient respectueusement derrière eux et repartaient les bras chargés de cartons pleins des hamburgers hallal convoités.

*

* *

Discrète, la synagogue, très discrète !

Un cube de béton, percé de quelques fenêtres soigneusement closes par des volets métalliques, barricadé derrière ses grilles. Bien sûr, à condition d'être prévenu, vous découvrirez l'étoile de David et les tables de la Loi sur la façade, mais rien n'a été fait pour que ces signes de reconnaissance indispensables accrochent le regard des gens de passage.

« Pour Yom Kippour, il y a quatre ans, nous avons eu de la visite, rappelle un des responsables de la communauté, un petit homme chaleureux, au regard vif, qui a pris soin de s'assurer auprès de Claude Dilain que ma visite ne posait pas de problème. Des inconnus ont balancé des cocktails Molotov. Tout le bas de notre synagogue était en feu. Depuis, nous avons effacé les traces de l'incendie, mais l'entrée se fait par derrière. »

Et derrière, c'est encore à une porte métallique qu'il faut frapper pour se faire ouvrir.

Claire et Philippe sont des juifs pieds-noirs, de ceux qu'on appelle dans la communauté les « juifs du Yom Kippour », chez qui la pratique se limite à quelques-unes des fêtes les plus importantes. Leurs parents sont arrivés à Clichy à l'indépendance de la Tunisie. Ils ont fait partie de la première grande vague d'immigration qu'ait connue la ville depuis les Italiens qui, au début du XXe siècle, sont venus travailler dans les carrières, et les Portugais qui, dans les années 1950, ont édifié les premières résidences qui allaient contribuer à faire du village une cité dortoir.

Leurs parents ont habité les grands immeubles, qui, à l'époque, bénéficiaient d'un certain prestige, où l'on trouvait des paillassons à l'entrée d'un hall parfois revêtu de plaques de marbre, à un moment où il était respectable d'habiter Clichy. À la différence de beaucoup, eux sont restés. Ils ne se sont pas enfuis vers d'autres banlieues. Leur fille va au collège Robert-Doisneau, celui où la principale – une femme pétrie d'autorité souriante, pleine d'intérêt pour de grands gosses aux vies familiales souvent misérables – sait faire régner l'ordre. Mais ils se sont réfugiés dans une de ces communautés fermées, où les pavillons s'emboîtent les uns dans les autres comme dans un jeu de construction, où chacun défend sa place de stationnement, où l'on ne fume pas dans les habitations, ce qui n'empêche pas d'être chaleureux pour l'étranger de passage et de l'autoriser exceptionnellement à allumer une cigarette avant de lui offrir à l'impromptu un plat de spaghetti.

Le pavillon de Claire et Philippe est à Clichy, mais, visiblement, il rêve d'être ailleurs. Du reste, la décoration suggère plutôt Tahiti que la région parisienne. Des sièges de rotin sont installés auprès d'un bar revêtu de roseaux, tandis que de grandes photographies tentent de se faire passer pour des fenêtres ouvertes sur l'océan Pacifique. La table et quelques guéridons sont en bois exotiques, tandis que des statuettes et sculptures polynésiennes ornent des étagères de massette, et que des joncs chevelus émergent de vases parés de coquillages.

Philippe revient d'Aubervilliers, où il travaille. Le couple ira ce soir au cinéma, à Rosny. Ils sont chez eux dans leur pavillon, et dans cette communauté fermée où chacun connaît chacun : l'autre famille de juifs pieds-noirs, les six familles maghrébines dont tous les enfants sont français, la famille vietnamienne, et l'autre, asiatique aussi, qui est tellement discrète qu'on en ignore la nationalité, la famille pakistanaise, qui réside à quelques maisons de l'indienne. On se connaît, mais on ne se fréquente pas toujours. On est satisfait d'avoir échappé aux cités, mais on ressent le besoin de sécurité.

« La synagogue tourne le dos à la rue », remarque Philippe. Et il ajoute, après une seconde d'hésitation : « Notre ensemble de pavillons aussi. Nos maisons se regardent. Elles ne donnent pas sur l'extérieur. La synagogue n'est pas loin, mais on ira peut-être à celle du Raincy. Même le président de la communauté gare sa voiture à distance. »

Ce dernier, pourtant, nie toute crainte. Il insiste pour affirmer que les problèmes, tous les problèmes peuvent se régler entre communautés : « Le rabbin, qui occupe un pavillon au Bois-du-Temple, vient ici chaque samedi à pied, comme le prescrivent les règles du shabbat. Chaque semaine, les élèves qui sortaient d'Henri-Barbusse lui lançaient des cailloux. On en a parlé aux responsables de la communauté musulmane, et ils ont découvert qui étaient les cinq, six agitateurs qui entraînaient les autres, et le problème a été réglé avec les parents. Depuis, ça ne se reproduit plus... On n'a pas à se plaindre. »

Pourtant, quand il sort de la synagogue, le président de la communauté israélite enlève sa kippa pour se coiffer d'une casquette moins dénonciatrice.

Mais il insiste : « Nous sommes arrivés d'Algérie avec, en tout et pour tout, une valise. Nous avons d'abord été très mal accueillis par la municipalité communiste. Nous étions des colonialistes. J'étais ingénieur de formation, et, si j'ai pu monter une petite entreprise, c'est que je m'entendais bien avec les Arabes. Je parle leur langue et j'avais des employés dont quatre sur cinq étaient musulmans. »

Le rabbin, lui, est pressé de partir ; il a des obligations ailleurs, en province. Il m'invite à revenir un samedi où je pourrai assister à l'office. C'est ce que je ferai quinze jours plus tard. La synagogue est située à moins d'un kilomètre du marché où des activistes islamiques font la quête pour la construction d'une grande mosquée à Clichy-Montfermeil. « Mais, comme dit Ammar, l'Algérien, qui a été obligé de fuir son pays parce qu'il était menacé au moment de la guerre civile, tu ne sais pas où va vraiment cet argent !... »

Le président de la communauté m'a conseillé de n'arriver que vers la fin d'un office qui dure plus de deux heures. Ayant un peu traîné au marché ce matin-là, je trouve la porte de l'arrière du bâtiment ouverte. On m'accueille avec chaleur. M'ayant coiffé d'une kippa bleue, qui, à la différence de certaines, ne porte pas le sigle de l'armée israélienne, on me fait monter quelques marches pour que je puisse assister au service. Je suis aussitôt saisi par l'émotion. Derrière un grillage, cinq femmes suivent l'office à distance et, dans ce lieu de culte, on ne compte guère qu'une quinzaine d'hommes, y compris le rabbin et son fils, qui prennent part à la célébration. Les psalmodies se succèdent, chantées avec plus ou moins de bonheur, toujours avec ferveur. On m'adjoint un vieillard instruit en religion qui m'explique patiemment la signification des rites. Le moment le plus touchant est celui où le père bénit son fils. Mais en ce jour, m'explique-t-on, l'assistance est plus réduite qu'à l'habitude. En vérité, la synagogue n'affiche complet que deux fois dans l'année.

L'émotion qui me saisit tient aussi sentiment très fort que cette communauté se meurt. « Dans les années 1960-70, dit mon guide, il y avait, à Clichy-Montfermeil, quatre cents familles juives ; il n'y en a plus aujourd'hui que cent cinquante au plus. L'insécurité, l'absence de la police les font fuir. La communauté du Raincy est très ancienne, celle de Livry-Gargan est nombreuse, mais elles sont toutes deux majoritairement ashkénazes, alors qu'ici nous venons tous d'Orient... »

Pourtant, ce samedi, l'humeur n'est pas morose. Un des fidèles vient d'être père, et le petit groupe se réunit autour d'un buffet au lieu de se disperser rapidement comme à l'accoutumée. L'heure est propice aux confidences. Un des participants m'explique qu'il est musicien et qu'il est revenu vivre en France après que sa famille a émigré en Israël. On se prend alors à rêver d'une renaissance... aussi improbable soit-elle.

Des Turcs et de la Turquie

Longtemps je n'ai connu de la Turquie que ses cigarettes au parfum d'Orient, au goût sucré. En aspirant la fumée tentatrice, et vite écœurante, je m'imaginais, tel Pierre Loti, au centre d'un gynécée où des femmes aux formes voluptueuses attiraient l'homme de leur langueur aussi enveloppante que les volutes de tabac que je rejetais après en avoir sensuellement dégusté le poison.

Et puis, jeune homme, je fus envoûté par les dômes stambouliotes, ronds comme des seins ou des hanches d'hétaïres, d'où jaillissaient les sexes raides et aigus des minarets. J'avais voyagé le long de la côte méditerranéenne en venant du Liban. J'avais admiré la somptueuse dentelle des côtes de l'Asie Mineure. J'avais été enchanté par la découverte des ruines d'Éphèse, qui témoignaient tout à la fois de l'histoire de Marie, mère de Jésus, et de la très ancienne présence de colonies grecques sur ce continent. En somme, je connaissais aussi peu la Turquie que les centaines de milliers de touristes qui, chaque année, vont s'allonger sur les plages, et qui, dans le meilleur des cas, s'enfoncent, en groupe, de quelques dizaines de kilomètres à l'intérieur des terres.

Ensuite, j'ai appris à apprécier le rôle qu'avait

joué ce pays, bastion robuste de l'Alliance atlantique, seul pays membre à partager une frontière avec l'Union soviétique, dirigé par des généraux laïcs qui n'hésitaient pas à se livrer à des coups d'État parfois sanglants quand ils estimaient que l'héritage de Kemal Atatürk était en danger. Je savais aussi que bien des élites de l'Empire ottoman étaient d'origine européenne. Des Slaves, des Grecs plus rarement, et quelques Roumains qui, ayant accepté d'embrasser la foi de Mahomet, administraient les possessions européennes du sultan.

En somme, je savais un peu de la Turquie et rien des Turcs. J'eus envie de me lancer à la découverte de ce peuple que j'imaginais si divers, et j'échouai.

Des Turcs de Clichy, je ne sais à peu près rien, sinon les bribes arrachées à une observation discrète, presque clandestine. Et pourtant, j'ai essayé longtemps. Et pourtant, les différentes associations à qui j'ai rendu visite, et elles sont nombreuses, m'ont promis l'une après l'autre de me mettre en relation avec une famille turque. Autrefois, un ami qui avait vécu longtemps à Ankara, m'avait dit : « Du peuple turc, je ne peux dire qu'une chose, c'est qu'il est compact. » Compact et secret, oui. Très secret.

Parmi les membres du conseil municipal de Clichy, il y a trois Français d'origine étrangère. Trois seulement, alors que la population immigrée de la ville est beaucoup plus nombreuse que celle des Français « de souche » – la souche étant d'ailleurs la rive Nord de la Méditerranée. Un de ces trois-là est turc. Son père est arrivé à Clichy il y a trente ans. Lui est venu cinq ans plus tard, encore enfant. Il fut à l'avant-garde de la grande vague d'immigration. Il se souvient avec nostalgie de l'époque où il s'était vu infliger une amende pour avoir cueilli une rose sur une plate-bande ; où il n'y avait au Chêne-Pointu qu'une seule famille turque. Aujourd'hui, tous les restaurants de Clichy, à l'exception de trois, sont tenus par ses compatriotes. Toute l'activité locale, ouverte ou clandestine, notamment les ateliers de couture, est entre leurs mains. Mais ils ne parlent pas. On les voit peu. Il n'y a pas de mosquée turque dans cette ville. « On n'a pas besoin de parler aux autres, dit-il. Sauf quand on y est obligés. » Et puis : « Nous, on sait très bien tisser la toile. » Et encore : « Nous, les Turcs, on aime bien être protégés. On tisse notre cocon. Notre communauté est notre protection. »

Les hordes nomades qui ont dévasté l'Europe du XIIᵉ au XVᵉ siècle se sont établies à l'intérieur des frontières que la résistance de la Russie, de l'Autriche et de la Pologne leur avait imposées, avant de se replier sur l'Anatolie, aux XIXᵉ et XXᵉ siècles. De leur aventure planétaire, de leur vie errante sur les espaces immenses de l'Eurasie, ils ont gardé une profonde méfiance de l'étranger, de ces peuples qu'ils avaient soumis par la force avant de s'établir chez eux. Le nomade peut accueillir le voyageur étranger chez lui, lui accorder l'hospitalité, et il n'arrivera rien à ce dernier aussi longtemps qu'il sera sous la garde de la communauté, mais dès qu'il aura repris sa route, il redeviendra l'intrus que l'on peut inscrire à son tableau de chasse.

Les Turcs de Clichy vous glissent entre les doigts. Ils échappent à votre regard, à vos oreilles. Même les adolescents de la deuxième ou troisième génération ont conservé leur langue, qu'ils parlent entre eux afin de ne pas être compris des autres. Ce qui n'est vrai ni des jeunes Africains, ni des jeunes Arabes. Au cours de l'un de mes premiers séjours dans la ville, à l'occasion d'une cérémonie à la mémoire des deux gamins morts dans un transformateur encerclé par la police, j'avais pu, après de savantes manœuvres d'approche, engager le dialogue avec un adolescent de cette communauté. Au moment de nous quitter, je lui avais demandé si je pourrais le revoir dans d'autres circonstances. Aussitôt, il s'était rétracté comme une boule de méfiance, se contentant, pour m'échapper, de me lancer au hasard un de ces prénoms parmi les plus usités chez ses compatriotes tout en refusant obstinément de me donner un numéro de téléphone.

Les cafés ici s'appellent tous Bosphore, Ankara ou Adana. Je me suis installé dans un d'entre eux où l'on sert de la bière. J'ai observé, et je n'ai rien saisi de ce qui se disait.

Par hasard, un samedi, j'ai vu sortir de la mairie un mariage turc, ou kurde. Il n'existe sans doute rien d'aussi froufroutant que les tenues adoptées par la mariée et ses demoiselles d'honneurs ; plis et replis vaporeux, dentelle et grands décolletés, couleurs vives, à dominante rouge. Quant aux jeunes hommes, ils arboraient des costumes blancs, rehaussés de chemises noires et de cravates clinquantes. Les filles étaient affublées de la coiffure choucroute bien connue de la jeunesse des années 1960, mais des mèches blondes couraient sur leur front. Les cheveux des garçons se dressaient vers le ciel à force d'être travaillés au gel. Les filles avaient chaussé, dans la froidure de l'hiver, des escarpins à très hauts talons, d'où jaillissaient des jambes de gazelle, tandis que les garçons portaient des chaussures noires vernies.

Les mères lançaient des youyous interminables et haletants, tandis que pères et grands-pères patientaient sous leurs toques de fourrure. Et puis, le concert de youyous terminé, tout ce monde s'est enfourné dans les voitures qui attendaient et qui se sont lancées en klaxonnant vers une destination inconnue.

À Clichy, j'ai entrevu quelques aspects de la vie des Turcs, mais je ne sais toujours pas qui ils sont.

Les gitans s'arrêtent à Clichy

Si vous errez dans le quartier limitrophe du Raincy, vous aurez presque à coup sûr l'attention attirée par une étrange allée. Les pavillons s'y alignent gentiment le long de la chaussée, mais, dans plusieurs d'entre eux, le jardin a été macadamisé pour laisser pénétrer des véhicules. Le plus souvent il s'agit d'automobiles, mais vous trouverez aussi des caravanes posées là dans l'attente d'un départ. Souvent les volets métalliques des villas sont clos, et il est rare que de l'extérieur on discerne le moindre signe de vie. Pourquoi donc ces habitants de Clichy s'enferment-ils ainsi ? Pourquoi ne les voit-on sortir qu'à la nuit tombée, passant de la résidence de pierre à celle posée sur des roues ? Quand j'ai interrogé les gens du quartier, ma naïveté les a fait sourire. « Mais, ce sont les gitans, évidemment ! Ils sont particulièrement nombreux dans ce coin. Et le prix des pavillons baisse en proportion de leur affluence. Ils possèdent une habitation pour la journée, mais beaucoup d'entre eux vont passer la nuit dans leur maison roulante. »

Je n'ai plus entendu parler d'eux jusqu'au jour où je me suis arrêté dans un café turc en attendant l'heure d'un rendez-vous. La fumée de ma cigarette avait attiré un très jeune homme qui prenait son temps pour siroter son café au comptoir. Il me demanda une cigarette et, en échange, me raconta son histoire.

Il était venu d'Algérie avec sa famille, mais son père, ne trouvant pas de travail, avait décidé de rentrer au pays. Lui, se sentant bien à Clichy, souhaitait rester. Son père avait accepté, car un oncle avait proposé de l'abriter. Mais quelques mois plus tard – il n'avait pas encore seize ans –, il avait abandonné l'école. Depuis, il se faisait de l'argent, beaucoup d'argent, disait-il, grâce à un travail très dur. Il aidait les gitans à transporter toutes sortes de matériels usagés : « Des cuisinières, des frigidaires, tout ce qui est lourd et métallique. » Il ne voulut pas en dire plus quand mes questions se firent plus insistantes, comme s'il s'agissait d'un dangereux secret. Et peut-être était-ce en effet un dangereux secret. L'heure de mon rendez-vous étant venue, je laissai le jeune Algérien sous la surveillance du cabaretier turc, qui était resté muet pendant cette conversation et dont je ne pus savoir s'il comprenait le français.

Et puis vint le jour où un ami de Livry-Gargan ayant des affaires à Clichy me dit : « Si tu veux, nous pouvons aujourd'hui aller rendre visite à Anton. » Le personnage était devenu mythique à mes yeux tellement j'avais entendu chanter ses talents. Django Reinhardt, le grand Django lui-même, lui avait enseigné la guitare. De grand interprètes, me disait-on, avaient franchi l'Atlantique pour l'écouter, parler avec lui, prendre son conseil. Lui-même était allé jouer plusieurs mois dans les lieux sacrés du jazz, de Louisiane en Alabama et de Philadelphie à Harlem.

Mon ami me conduisit en haut d'une colline qui dominait Clichy. Il arrêta sa voiture à l'orée d'un terrain vague, là où le bitume se transforme en boue. Avant de pénétrer sur un terrain en devers, sommairement aménagé pour recevoir trois caravanes, il appela de sa voix puissante d'acteur de théâtre le mythe vivant. Celui-ci, l'ayant entendu, sortit d'un camping-car immaculé et nous invita à y pénétrer.

Remarquant, avant même d'y entrer, la propreté des lieux, nous fûmes tentés d'enlever nos chaussures glaiseuses. Mais Anton, grand seigneur, nous pria de les garder. Il nous fit asseoir sur les banquettes et, avant tout autre chose, s'empara de la guitare qu'il avait branchée à un système électronique de qualité. Les notes emplissaient l'espace étroit et, en contemplant ce visage de vieux pirate des routes d'Europe centrale, je me crus transporté dans un ailleurs fait du chant nostalgique d'autres ailleurs. Quand il acheva son interprétation, il se fit un silence qu'aucun de nous trois, ses visiteurs, n'osâmes rompre. C'est donc lui qui en prit l'initiative pour me demander ce qui m'était arrivé. Après que je lui eus raconté, de façon que je voulais brève, mon passage dans le coma, il se signa et déclara que j'avais été heureux de vivre de tels moments qui me permettraient de voir la vie d'une autre façon. Puis, il se mit à évoquer les difficultés que sa famille avait rencontrées pour obtenir que l'eau de la ville parvînt à son terrain ; l'hostilité qu'avait manifestée dans un premier temps le propriétaire du pavillon dont le lopin jouxtait le sien ; l'impossibilité d'obtenir de la municipalité que les derniers mètres de la route, ceux qui donnaient accès à son entrée, fussent goudronnés. Aux inspecteurs à qui il avait affirmé que jamais il ne construirait, il était apparu que seule une parcelle construite méritait qu'on y acheminât l'eau et le bitume. Il en était contrarié, mais je crus comprendre qu'il s'y attendait.

Avant même que nous ayons regagné la voiture, il avait refermé derrière lui la porte de son camping-car.

Clichy n'est pas une ville

Dès l'origine, Clichy fut condamnée. Condamnée à ne pas exister. Elle est née d'un miracle survenu dans la forêt, miracle dont nul ne peut dire s'il s'est véritablement produit ou s'il émane d'une imagination populaire qui aurait voulu voir, dans ces pentes boisées, vestiges d'une forêt repaire de brigands, un territoire protégé par la Vierge.

Longtemps, avant même que les bandits de grand chemin ne fussent poussés vers le plateau, Clichy ne fut autre chose qu'un terrain de chasse pour les charbonniers qui y avaient dégagé quelques clairières. Les seigneurs de la ville y bâtirent ensuite des pavillons où ils venaient, à l'occasion, faire courir leurs meutes. Les pavillons firent place à des châteaux quand les charbonniers braconniers se furent mués en gardes-chasse. Mais il y eut des rebelles qui s'obstinèrent à tirer du gibier leur subsistance et qui, à la Révolution, mirent la main sur les biens de ceux qui les avaient si longtemps subjugués. La commune naquit ainsi dans la violence. Elle n'était le territoire de personne, et cela, depuis, n'a pas changé. Clichy n'a jamais été une ville, seulement un puzzle de communautés refermées sur elles-mêmes, isolées les unes des autres, et qui observaient les sauvages équipées de hors-la-loi sur des terrains contestés que chacun essayait de s'approprier par la force ou l'argent.

Plus de deux siècles se sont écoulés, les acteurs ne sont plus les mêmes, mais rien n'a changé.

Un territoire oublié de la République

À l'issue des semaines vécues là-bas, des longs mois consacrés à faire des allers-retours entre la capitale et cette commune de banlieue, j'aboutissais à la conclusion que, si Clichy n'était pas une ville mais seulement un territoire administratif, Clichy n'était pas en France parce que la République l'avait abandonnée.

Police

À la limite de Clichy et de Montfermeil, se dresse une tour imposante et laide. Noire de tristesse, grise d'ennui, elle porte le nom d'Utrillo et eut sans doute fait honte au peintre. Elle affiche sa déshérence par un énorme panneau : « Bureaux à louer ». Mais qui voudrait louer des bureaux à cet endroit sinistre, coincé entre deux des quartiers les plus délabrés de l'agglomération, Anatole-France et les Bosquets, de sinistre réputation ? La poste y dispose d'une annexe, et on y trouve quelques services sociaux, mais pas l'Agence nationale pour l'emploi (ANPE). Ce ne sont pourtant pas les clients de celle-ci qui manquent ! Si vous vous enfoncez dans les couloirs du rez-de-chaussée, et si vous êtes bien renseigné, vous frapperez à une porte en verre dépoli, et, après qu'un œil soupçonneux vous aura examiné, vous pourrez pénétrer dans le poste de police.

On m'a ouvert, on m'a considéré un moment avec méfiance ; j'ai décliné mon identité, déclaré que j'écrivais un livre sur Clichy-sous-Bois, que je venais avec l'autorisation du commissaire du Raincy, ville dont dépend l'annexe ; on a vérifié auprès du supérieur l'exactitude de mon affirmation avant de me permettre de visiter les lieux.

Le commissariat du Raincy est une jolie villa en pierre meulière, très caractéristique de ce que fut la banlieue dans l'entre-deux-guerres. L'annexe de Clichy est une sorte de camp retranché d'où l'on ne voit rien de la ville, et que la ville ne voit pas. Dans la cour, les voitures, qu'elles soient identifiées ou banalisées, sont abritées sous un auvent solide. Le but est, m'a-t-on dit, d'éviter que des projectiles, dont certains pourraient être des cocktails Molotov lancés de l'extérieur, n'endommagent les véhicules. De lourdes portes blindées en défendent l'accès. Mais de l'intérieur, il est impossible de percevoir l'humeur ou les mouvements de la ville.

Les sorties se font selon un rituel soigneusement organisé, car les quelque dix policiers présents ici savent trop bien qu'il s'agit d'un raid en territoire ennemi. Les murs extérieurs portent les traces des émeutes de l'automne 2005. À l'intérieur, les cloisons grises du poste de garde sont décorées de quelques photos arrachées aux pages de magazines « de charme ». C'est tout ce qu'ont imaginé les résidents de ces bureaux dénudés pour tromper la tristesse et l'angoisse de se retrouver là. À deux exceptions près, les policiers sont jeunes, et même très jeunes. Le premier instant de méfiance passé, on m'accueille gentiment. Mais je dois subir l'éternel refrain sur les journalistes qui ont « tous » pris parti pour les émeutiers et présenté des trafiquants de drogue récidivistes comme des « grands frères » bienveillants, sincèrement choqués des brutalités policières. Devant moi, ces jeunes agents font bonne figure. L'un d'entre eux jette crânement : « Je ne suis pas mal ici »... Et puis il ajoute : « Mais, je n'y resterais pas dix ans... »

Ils ne demeureront pas longtemps en ma compagnie parce qu'on les appelle pour une saisie de haschisch dans une cité voisine. Les voilà qui s'envolent, comme on le voit dans les séries télévisées. Et moi, je sors par la porte intérieure en longeant les bureaux de la Sécurité sociale fermés à cette heure.

Le commissaire du Raincy m'a demandé un jour ce qui m'avait le plus frappé à Clichy. Je lui ai répondu, apparemment à sa surprise : « L'absence de la police. »

Il est vrai qu'au long des semaines où j'ai arpenté les rues de la ville je n'ai pas vu dix fois une voiture siglée. Il est possible que j'ai croisé à quelques reprises des véhicules banalisés, mais, même si ce fut le cas, on peut affirmer qu'il n'y a pas à Clichy de présence policière visible. Quant à la police à pied, c'est la grande absente. Sans doute est-il trop dangereux pour des policiers non protégés de s'engager dans cette cité. Sans doute, ici et là, leur présence susciterait-elle des réactions d'hostilité violente. Cette absence n'est meublée que par des opérations « coup de poing », dont la seule appellation dit assez la rancœur, et même la haine qu'elles peuvent provoquer. L'étranger que je suis fut submergé de récits d'interpellations musclées, de gardes à vue ponctuées d'insultes racistes et, parfois, de coups portés de façon à ne pas laisser de trace. Ce comportement, il faut le préciser, est surtout attribué à la BAC (brigade anticriminalité), qui fait des incursions ponctuelles dans les quartiers, plutôt qu'aux policiers du commissariat.

Mais si les jeunes voient dans le policier l'ennemi, les parents, la plupart du temps, en jugent autrement. Beaucoup d'entre eux avouent regretter la disparition de la police de proximité, même si son utilité est parfois mise en doute. Comment ne pas s'étonner que, dans notre pays, des quartiers entiers ne voient jamais la présence des forces de l'ordre ? La Forestière fut de longues années envahie de squatters sans que les autorités s'en émussent. Aujourd'hui, qui, dans les services de l'État, serait capable de compter le nombre d'immigrés clandestins qui s'y abritent ? Qui sanctionne les marchands de sommeil qui louent au prix fort, dans les immeubles en copropriété, des appartements où des familles s'entassent à quatre, cinq ou six ?

Le commissariat du Raincy reçoit périodiquement la visite de Clichois qui viennent signaler des délits, mais qui n'osent le faire que de façon secrète par crainte des représailles. Le commissaire s'en désole, mais la confiance dans ses services n'existe plus.

Alors pourquoi faut-il que les rues des quartiers les plus huppés de la capitale soient envahies de policiers tandis que les sinistres avenues de Seine-Saint-Denis en voient beaucoup moins ?

Oui, la République a abandonné Clichy. Et un État qui a renoncé à se faire respecter sur son territoire n'est pas digne de ce nom.

Un mot encore. Une fois, une seule, j'ai vu la police se déployer en force. Ce fut quand quelques lycéens sortirent de leur bâtiment pour manifester brièvement contre le Contrat de première embauche (CPE). Un observateur non averti en aurait déduit que c'étaient ces gamins bien polis qui menaçaient le plus gravement l'ordre dans cette ville. Pauvre République décidément !

Courrier

Ce qui frappe, à Clichy, pour répondre encore à la question du commissaire, c'est l'extrême jeunesse des enseignants, des éducateurs, des policiers, des conducteurs d'autobus et aussi des facteurs.

Mokhded vit à Chelles, une ville proche, avec des quartiers difficiles, mais qui dispose d'un centre historique. Mokhded est chargé, armé d'un vélo jaune de la poste et d'une besace, de distribuer le courrier dans tout un quartier de Clichy. Il est rempli de sa mission. « Une lettre, c'est une affaire personnelle. Elle doit être remise à son destinataire. On arrive, dit-il d'un air désolé, dans des situations où il n'y a pas de boîte à lettres, ou alors avec des noms illisibles, ou encore avec seulement un numéro d'appartement. Il y a même du courrier qui porte la mention « squat ». Alors, quand je ne sais pas, je m'adresse à la MOUS ».

La MOUS. Moi aussi j'y passe et j'y repasse, comme les habitants du quartier. Ses membres s'attachent à connaître la vie des immeubles dont l'association est chargée afin d'aider les résidents. Mais qu'elle est étrange la situation d'un pays qui s'enorgueillit de ses services publics, puis est amené à sous-traiter à des associations de droit privé une partie de ses attributions ! La MOUS remplit son rôle à la satisfaction de chacun. Mokhded doit en passer par là. Il n'a pas le temps de se livrer à des recherches approfondies. Khalilou, Ayahn ou Nicolas prennent le relais, devinent à qui peuvent s'adresser certains plis, font du va-et-vient entre les étages. Le jeune postier se désole. Il lui semble qu'il ne parvient pas à accomplir sa mission. Avec des regrets dans la voix, il dit encore : « Une lettre, c'est important. Et puis il y a tant de gens seuls à qui ça fait plaisir de pouvoir parler à quelqu'un. En tant qu'individu, ils ne me connaissent pas. Tout est question de temps, dit-il encore. Les jeunes cherchent un miroir, et ils ne le trouvent pas chez leurs parents. Mais, un jour, ils parviendront à se confier à quelqu'un qui ne sera pas de leur communauté. Ce jour là, on aura gagné. »

Transports

Albert conduit le 601. Jour après jour. Parfois le soir, parfois même la nuit. Ce soir, je rentre à Paris. Son bus s'immobilise devant la gare du Raincy et, pendant que descendent les passagers pressés d'attraper le prochain RER, je lui demande s'il ne lui arrive pas d'avoir peur sur le trajet. Il m'affirme que non. A-t-il connu des incidents avec ses passagers. « Tout le monde en a, dit-il placidement. » Je descends, parce que ceux qui veulent monter se pressent à la porte. Le samedi soir, le 601 ne passe que toutes les vingt minutes et, le dimanche, seulement toutes les quarante minutes. Se rendre à Paris ou en revenir devient une expédition aux horaires incertains.

Un dimanche, sur les conseils du réceptionniste de l'hôtel, j'ai pris un 147, qui ne passe à Clichy que d'heure en heure. Le bus était bondé, mais j'avais trouvé, grâce à l'amabilité d'une jeune fille, une place assise près de l'entrée. De ce poste d'observation, j'ai vu les passagers pénétrer dans l'engin en se poussant les uns les autres, sans jamais faire mine de présenter une carte, ni de s'arrêter devant le composteur pour y introduire un billet. Je regardais le mien d'un air désolé quand un jeune homme m'a dit simplement : « Avant Pablo-Picasso, à Bobigny, ça ne sert à rien, il n'y a jamais de contrôle. »

Je suis descendu à un rond-point situé à une dizaine de minutes à pied de la gare, et je me suis surpris à constater qu'il y avait là une sorte de contrat entre la société de transport et les utilisateurs. L'autobus passait rarement, trop rarement, et, en échange, les personnes transportées étaient dispensées de payer.

Peut-être eût-il été plus logique que les passages fussent plus fréquents, que le service fût mieux assuré et que chacun payât son dû. Mais peut-être aussi est-ce trop demander à une République qui dispense d'impôt sur le revenu la moitié de sa population, et qui assure l'essentiel de son financement par la voie insidieuse des impôts indirects... Au fond, par certains aspects, Clichy est bel et bien une caricature du fonctionnement de l'État français.

Dans une caricature, on le sait, les traits sont appuyés, mais ils soulignent la dure réalité. Le visage de Clichy est celui de la France qui grimace, et que nous refusons de voir.

Éducation ou enseignement ?

Reste le secteur le plus délicat. Celui de l'Éducation nationale.

Jamais ce titre que l'on décerne par tradition au ministère de l'Enseignement ne put apparaître aussi dérisoire à mes yeux qu'à Clichy. Le débat est bien connu, il agite périodiquement les milieux « éducatifs ». Il touche les parents d'élève. Il fait l'objet de chroniques définitives dans les journaux et de conversations de bistro. Les termes d'Éducation nationale furent inventés à une époque où l'autorité du père sur ses enfants, de l'instituteur sur ses élèves, du maire dans sa commune, du préfet sur le département n'était discutée par personne. L'éducation « nationale » prenait alors le relais de l'éducation « familiale ».

Aujourd'hui, c'est une banalité de constater que, dans les couches les plus aisées de la population elles-mêmes, l'éducation n'est plus le monopole des parents (elle ne l'a jamais été entièrement), parce que ceux-ci sont moins présents qu'à l'époque où la mère ne travaillait pas ; parce que l'évolution rapide de la technologie donne aux enfants un sentiment de supériorité sur leurs parents dans la mesure où ils assimilent très vite des techniques qui échappent à ceux-ci, et où ils se persuadent, parfois à juste titre, de mieux connaître le monde extérieur, et où, du reste, ce monde dans lequel ils évoluent est bien différent de celui dans lequel leur père et leur mère ont été éduqués. Qu'est ce qu'un Africain de la brousse peut apprendre à son fils de la vie en banlieue ? Il s'ensuit un sentiment de commisération pour l'ignorance de leurs géniteurs et, donc, de déni de l'autorité de ceux-ci.

La seule chance à saisir pour l'Éducation nationale se trouve au tout début de la vie, dans ce que l'on nommait joliment, autrefois, le « jardin d'enfants », ou l'école maternelle. Mais, à Clichy, ils ne sont pas très nombreux à fréquenter ces institutions. Et puis les parents ne sont pas toujours à la sortie. Le « sirop de la rue » les abreuve beaucoup plus que les enseignements de la République. « Les petits me font peur, me disait une jeune Africaine ; vous ne pouvez pas imaginer le vocabulaire, et la violence ! »

Mes contacts avec des institutions d'enseignement se sont limités à deux établissements. Je fus d'abord accompagné par une responsable de la mairie jusqu'à l'école Paul-Vaillant-Couturier, où je devais être reçu par le directeur. J'y trouvai un homme jeune et fort embarrassé. Mis au courant de ma visite, les « professeurs des écoles » n'accepteraient de parler avec moi qu'après m'avoir fait comparaître devant eux, m'avoir questionné et, ensuite, avoir jugé entre eux de la liberté de mouvement qu'on pouvait me laisser.

Ce matin-là, les enfants devaient effectuer une sortie à la caserne des pompiers, qui avaient été l'objet d'attaques pendant les émeutes. Un professeur antillais entra dans le bureau du flageolant directeur. Je demandai à cet homme si je pouvais accompagner le groupe. Il répondit qu'il n'y voyait pas d'inconvénient et se retira. Mais, alors que nous nous préparions, le directeur et moi, à rejoindre l'expédition, une furie, assez belle femme aux cheveux longs, éructante de colère, fit son apparition dans le bureau : « Non, vous n'irez pas. Nous ne savons pas qui vous êtes. Nous ne savons pas ce que vous allez écrire. Il faut faire une demande officielle à l'Inspection d'Académie. Après, nous vous entendrons pour savoir ce que vous allez écrire ! » Plaider ma cause, celle d'une information un peu libre et spontanée, est inutile, je le sens immédiatement. La conversation, si l'on peut utiliser ce terme, se clôt par un : « Nous avons la responsabilité des enfants ! », et par une porte qui claque.

Ma présence dans la caserne des pompiers eût-elle véritablement provoqué un drame ce matin-là ? L'esprit des enfants en eût-il été gravement affecté ? La réaction défensive de certains de ces professeurs des écoles traduisait en tout cas une inquiétude sur le comportement de ceux dont ils avaient la garde et, peut-être aussi, la volonté de ne pas le laisser savoir à l'extérieur.

Ailleurs, l'accueil est différent. L'accès au collège Robert-Doisneau est surveillé. On n'y entre qu'en déclinant la raison de sa visite. Les adolescents qui traînent à l'extérieur sont refoulés. « Je ne suis pas parent d'élève, précisai-je au gardien, mais j'ai rendez-vous avec la principale. »

La maison est évidemment plus chaleureuse parce que plus sûre d'elle-même. J'arrive à l'heure de la récréation, et j'ai accès à la salle des professeurs, auxquels je demande qui serait disposé à me rencontrer en tête-à-tête. Trois d'entre eux me communiquent aussitôt leur numéro de téléphone portable. Je suis stupéfait de l'âge de ces enseignants. La plupart d'entre eux paraissent avoir moins de trente ans. Un de ceux-ci, un « ancien », vit à Clichy depuis dix ans. Il est particulièrement frappé de l'évolution du comportement des jeunes filles au cours des années récentes.

« Elles se sont libérées, dit-il, en l'espace de deux, trois ans. À l'intérieur du collège, les relations sont presque devenues anodines. Elles se maquillent alors qu'avant elles ne portaient que des survêtements et se refusaient à toute marque de féminité. Il y en a qui, pour s'affirmer, fument. Évidemment, ici, c'est caché puisque interdit. Elles fument dans les toilettes. Ce qui est intéressant, aussi, c'est l'évolution des prénoms. Aujourd'hui, vous avez dans la population immigrée beaucoup de prénoms qui peuvent se décliner en français et en arabe, des Inès, des Sonia, des Melissa, des Sophia, et même des Noëlle, Nawal en arabe. Pour les garçons, c'est moins évident, mais on voit apparaître des « prénoms de la télé », comme Ryan. »

Je demande : « N'y avait-il pas dans ces émeutes comme un parfum de mai 1968 ? C'était une révolte contre toutes les institutions, contre toutes les autorités. Et n'était-ce pas aussi, sans que ce soit avoué, une révolte contre le monde des parents ?

– Oui, bien sûr. Mais, en 1968, il y avait un espoir : « Sous les pavés, la plage ». Ici c'est beaucoup plus désespéré. Ils disent en substance : « Sous le bitume, la merde. »

– Les garçons, ce qu'ils aiment, c'est le foot, le foot et le foot. Et la culture vestimentaire qui va avec.

– Et pourtant, vous seriez surpris si vous assistiez à un conseil de classe ! Certains délégués des élèves réclament que les professeurs soient plus sévères ! »

Avant de quitter le collège, je passe chez la principale. Cette petite femme est impressionnante de calme autorité. Elle s'approche des gamins agités, leur rappelle, avec fermeté mais sans élever la voix, qu'ils doivent être plus calmes. L'effet est immédiat.

Dans son bureau, le téléphone et le portable dont elle communique généreusement le numéro sonnent souvent.

Ce sont quelques questions administratives qui lui sont posées. Mais, surtout, se présentent en rafales des problèmes humains pour lesquels l'Éducation nationale n'arme pas du tout ses auxiliaires. Le collège compte vingt-neuf nationalités et quatre-vingt pour cent des élèves appartiennent à des catégories défavorisées.

Les cas les plus fréquents sont ceux de parents absents. Le père a quitté le foyer. La mère ne vit parfois que des allocations familiales. Les enfants n'ont pas grand-chose à manger et, évidemment, la cantine scolaire n'est pas payée. Ou bien le père est violent. Alcoolique, parfois, mais rarement, islamiste, ou simplement – c'est, dit la principale, le cas le plus fréquent – déséquilibré et inadapté, donc chômeur et agressif vis-à-vis du monde entier.

Quelques cas de sida ont fait leur apparition. Il arrive que la mère, affaiblie par la maladie, celle-là ou une autre, ne soit plus en mesure de tenir son appartement ni de faire à manger à ses enfants. C'est la fille aînée qui prend alors le relais et qui, dès l'âge de dix ans, doit abandonner ses études.

La drogue enfin. Pour cette principale, comme pour les autres Clichois qui veulent bien en parler, le problème est moins celui de la consommation que celui de l'exemple montré aux gamins.

Il y eut un temps, à Clichy, où le sous-sol de La Forestière abritait un trafic d'héroïne ; où l'on retrouvait des seringues dans des cages d'escalier ; où deux adolescents au moins sont morts d'overdose.

« S'il y en a encore qui pratiquent ça, ils ne doivent

pas être nombreux et on ne les voit pas », disent les « grands », avant d'ajouter : « Oui, il y a de la poudre, celle qu'on prend par le nez. Mais tout le monde ne peut pas. » Comprenez : c'est cher, et les ressources en banlieue sont limitées. En revanche, les trafics en tous genres, bien sûr, le *deal* de *shit*, mais aussi et surtout les contrefaçons diverses ont un effet très négatif sur les gamins que l'on paye pour faire le guet, et à qui les mauvais conseilleurs demandent avec arrogance : « Avec tes études, tu gagneras ça, en une journée ? »

« Mais tout de même, fait remarquer la principale, pendant les émeutes, les écoles ont été les seuls bâtiments officiels qui n'ont pas été attaqués. »

Quelques jours plus tard, je retourne au collège. F. m'a proposé d'assister à un de ses cours. Une classe de cinquième. « À partir de la quatrième, ça devient très difficile, précise-t-il. On entre dans un niveau d'abstraction qui, pour beaucoup, n'a plus aucune correspondance avec la vie de tous les jours. »

On se rassemble, on se met en rang un peu laborieusement, mais pas plus qu'ailleurs. On pénètre dans la classe. On me dit bonjour. On tient à me serrer la main et on s'amuse presque de cette politesse. À une fille qui a oublié de me saluer, on signale : « Toi, tu as pas dit bonjour ! » La classe est bicolore, moitié noire, moitié beur ou turque. Une seule Française « de souche ».

Je me présente. Je suis professeur d'histoire et je viens voir si, l'année suivante, je viendrai enseigner à Clichy.

Le professeur réclame les feuilles blanches qu'il a demandé d'apporter. La moitié des élèves n'en a pas. On se passe le matériel et on entame l'exercice dans une attention et un silence tout à fait acceptables.

C'est pendant la correction, quand un élève d'origine indienne est au tableau, que la classe se fait remuante et que le professeur intervient : « Ça va me fatiguer d'entendre du bruit. »

Je me penche sur le cahier d'un garçon qui, visiblement, rêvait pendant que les autres travaillaient. Pas de figures géométriques sur sa feuille, seulement les inscriptions FBI et BAC. Il ne s'agit pas du baccalauréat mais de la brigade anticriminalité. Suis-je en présence d'un futur policier ou d'un délinquant à venir ? Autour de la salle sont affichés des chiffres de couleurs différentes, écrits au stylo feutre, qui disent bien les sources et les aspirations de ceux qui les ont dessinés. Le 1 peut figurer le tronc d'un arbre, le cou d'un dragon ou le corps d'un homme au sexe en érection. Le 4 est constellé de cœurs. Le 8 renversé représente le masque d'un personnage, vengeur ou criminel. Le 6 se termine en mégot de cigarette et est affublé de l'expression *No smoking*.

La sonnerie annonçant la fin du cours est accueillie par un grondement général de satisfaction. Je me dis que ce jeune professeur doit être fier d'être parvenu à maintenir l'attention de la majorité de sa classe pendant ces trois longs quarts d'heure.

Je descends dans la cour de récré en prenant un air de surveillant. Un petit groupe de gamins, sans doute des sixième, se bat. Quand j'arrive à leur hauteur, ils rigolent : « Attention, la violence... », et ils se séparent le temps que je passe. Les filles sont d'un côté, les garçons de l'autre.

On se rassemble autour de moi :

« Vous êtes journaliste ? »
– Non, professeur d'histoire.
– Parce que, les journalistes, on leur jette des pierres.
– Madame X, la principale, elle les chasse.
– Et pourquoi ?
– Parce qu'ils passent ici une journée, on leur dit des choses, et puis, après, ils écrivent n'importe quoi.
– Vous êtes prof d'histoire, alors parlez nous du sexe de l'Égypte !
Et, comme je ne comprends pas ce dont il s'agit, ils se rassemblent à quelques-uns pour crier :
– Le sexe ! Le sexe ! Le sexe !
J'échappe à la meute rigolarde, et un autre groupe se laisse questionner. J'avise un grand gaillard et je lui demande son âge :
– Dix-huit ans, me dit-il.
– Ce n'est pas vrai, réplique un de ses copains. Il n'a que dix-sept-ans.
– Peut-être, renchérit-il, mais il faut que je fasse attention. Mon fils est déjà en cinquième.
Humour typique de la ville. Toujours cette tentative de se moquer des idées préconçues du *borro*, l'étranger, qui ne connaît rien de la vie de la cité, à qui on n'en donnera pas facilement les clefs et qu'on préférera renforcer dans ses préjugés.

L'armée

Aucune décision politique n'est aussi regrettée que celle d'avoir supprimé le service militaire obligatoire. La population de Clichy, du moins la plus grande partie de celle d'origine immigrée, vit à l'écart du reste du pays.

« Comment voulez-vous qu'ils deviennent français ? m'a dit un jeune homme qui avait vécu son enfance à La Forestière ; ils ne voient jamais ou presque de Français. Ces gens importent avec eux leur passé, leurs coutumes. On les jette tous ensemble dans un lieu isolé. Impossible qu'ils s'intègrent à une société qui les ignore et qu'ils ignorent. »

Le service militaire a contribué à unifier la société française pendant plus d'un siècle. Il a été supprimé au moment où la France en avait le plus besoin, comme instrument d'intégration.

Le pacte républicain, si souvent chanté, était un contrat. La République s'engageait à fournir à chacun la capacité de construire sa vie, la sécurité des biens et des personnes, un égal accès à l'éducation et à l'emploi. En échange, les citoyens s'engageaient à respecter les lois de la République. Aujourd'hui, on peut dresser, au moins dans certains territoires qui appartiennent nominalement à la République, l'acte de décès de ce pacte républicain.

Et la municipalité ?

Et la municipalité ? Elle fait du mieux qu'elle peut, mais ses moyens sont terriblement limités. Clichy est la ville de France où la population est le plus jeune. Une de celle où le taux de chômage est le plus élevé. Une de celles, encore, où les ressources sont le plus maigres car la taxe professionnelle n'est assise que sur un tout petit nombre d'entreprises, un supermarché, quelques cafés, une zone industrielle pratiquement vide.

La mairie fonctionne à plein aux horaires de bureau, et au-delà pour les cadres administratifs et certains élus. Mais certains bureaux, comme le Service municipal de la jeunesse, ferment presque tout le week-end alors que c'est à ce moment que les jeunes désœuvrés souhaiteraient en priorité faire appel à lui. Nombre d'employés municipaux, notamment ceux qui sont chargés du logement et, en particulier, de la sécurité, sont considérés comme des amis par les résidents et toujours accueillis avec satisfaction. Mais ils ne sont là que pour gérer les déficiences résultant de décisions prises il y a parfois très longtemps, et toujours à un échelon de l'État au-dessus de la commune.

Le maire est unanimement apprécié de ses

administrés. Son métier de pédiatre l'a mis en contact avec la plupart des familles. Personne ne s'aventure à le critiquer. Il n'en va pas toujours de même de ses adjoints et de ses services.

D'abord, il est étrange qu'une ville qui compte une très large majorité d'immigrés ne compte que trois conseillers municipaux pour les représenter.

Ensuite, la municipalité n'est pas parvenue (est-ce à elle de le faire ?) à briser la barrière culturelle entre les Français « de souche » et les autres, Français issus de l'immigration et immigrés de nationalité étrangère. Peu de spectacles, peu de réunions rassemblent les uns et les autres. On s'observe avec méfiance, on se côtoie très peu.

Jusqu'au début des années 1990, le parti communiste régnait sans partage sur Clichy. Comme dans beaucoup d'autres villes de la « ceinture rouge » de Paris, la population était encadrée par les différentes organisations du parti. La cité était tenue dans ces structures qui avaient favorisé jusque-là l'intégration des migrants issus de l'exode rural, mais aussi d'Italie, d'Espagne, du Portugal et d'Afrique du Nord pour les premières vagues. On aimait ou on n'aimait pas le parti, mais celui-ci donnait un sens à son action. Embrigadement pour les uns, famille politique pour les autres.

Mais deux événements se sont produits presque simultanément. Un déferlement d'immigration dû à la « politique de regroupement familial », sous les présidences Giscard et Mitterrand, et la perte de ce que conservait de légitimité le parti communiste avec la chute du mur de Berlin et l'écroulement de l'Empire soviétique. Le « modèle communiste » disparaissait sous les décombres de l'entreprise stalinienne. Le maire de la ville se rebella contre la politique du parti qui l'avait intronisé. Ayant exercé longtemps le pouvoir, il crut qu'il pourrait le garder avec l'aide d'une population qui lui resterait fidèle jusqu'au bout. Il voulait tenter de conserver à sa ville un équilibre entre la population qu'il avait connue, française « de souche » ou immigrée du Sud de l'Europe, et les nouveaux arrivants. Il y parvint une fois, mais échoua à la seconde élection, quand, dans le désordre des esprits, s'affrontèrent communistes « orthodoxes » et municipaux, socialistes, droite « républicaine » et Front national. Ce furent les socialistes qui l'emportèrent de justesse. Mais un modèle avait cessé d'exister.

Malgré les efforts du maire et l'affection dont il est entouré par les Français « de souche » (y compris de souche espagnole, portugaise et italienne), comme par la population immigrée, il y a là deux mondes qui ne se parlent pas, sans pour autant se haïr. Et qui, ces dernières années, ont un peu appris à se tolérer. L'influence électorale du Front national a beaucoup baissé. Et les Français « de souche » que j'ai rencontrés pensent dans l'ensemble que, grâce aux efforts patients de la municipalité, ils connaissent quelques améliorations dans leur vie quotidienne.

À les entendre, c'est avec les Africains que les relations sont le plus conflictuelles. Les résidents du Chêne-Pointu vous racontent l'histoire de ces familles qui faisaient du feu à même le sol dans leur appartement, ou de ces voitures flambant neuves qui encombrent les parkings avant de disparaître aussi mystérieusement qu'elles sont venues, de ces fêtes hurlantes qui se prolongent tard dans la nuit.

Chacun aussi vous dira l'histoire de la famille

africaine avec laquelle il voisine et dont il souhaite qu'elle reste le plus longtemps possible afin d'éviter l'arrivée d'autres « étrangers », étrangers aux coutumes du pays d'accueil. Aujourd'hui, l'heure est aux Zaïrois, particulièrement redoutés, et les premiers Russes ont fait leur apparition. Une immigration chasse l'autre !

Ce qui reste, toujours, ce sont des enfants et des adolescents perdus, à la recherche d'une identité. Ils refusent, sans jamais l'avouer explicitement, celle de leurs parents, et ils ne peuvent acquérir celle des Français sans déployer beaucoup d'efforts. Et, ces efforts, ils ne peuvent se résoudre à les faire, car ce serait, à leurs yeux, trahir leurs camarades de jeux, d'école et de collège. Ce serait devenir un « Bounty » (noir à l'extérieur, blanc à l'intérieur), un « bouffon », un *borro*.

Un homme s'essaye à combler ce fossé. Fils de républicain espagnol, il est lui-même immigré. Il a vécu son enfance dans un grand ensemble du Val-de-Marne. Il a accédé au monde de la culture un peu par hasard, mais beaucoup par goût. Cascadeur pour le cinéma, musicien à l'occasion, il s'est vu un jour proposer un rôle dans une compagnie théâtrale. Une place de comédien ! Il a appris à aimer les textes qu'on lui faisait dire. Et puis, pour prendre son élan et sa liberté, il a fondé sa compagnie de rue. De ville en ville, il a promené ses spectacles. Un jour, il s'est arrêté à Clichy-sous-Bois, et il a monté un chapiteau sur un stade abandonné où, dit-il, « on rencontre des jeunes qui ont soif de connaissances, qui sont curieux comme des pies ».

En 1996, il a monté un premier spectacle classique, dans lequel ont joué une vingtaine de lycéens.

Puis il a tourné un film qui met en scène « des vieux prolos » qui rencontrent des jeunes issus de l'immigration. Il a donné du Bertold Brecht... Évidemment ! puisque c'était dans la ligne du théâtre populaire de Vilar et Gatti... Mais aussi des pièces de Molière, pour lesquelles il n'a pas cédé à la tentation de modifier le texte pour faire « moderne ». Il travaille aujourd'hui sur *Vol de nuit,* et sur une adaptation de *Don Quichotte.* « Les jeunes, dit-il encore, ont vraiment envie de participer à un projet artistique. Il y a chez eux, ici, un bouillonnement de créativité qu'il faut savoir canaliser. »

À l'occasion, notre homme organise aussi une soirée de « slam », cette poésie de la rue qui joue sur les mots, parfois sur la haine, souvent sur la dérision, presque toujours avec l'humour qui a fait le succès des comiques issus des cités.

J'ai assisté à l'une de ces soirées au début du printemps 2006. À l'extérieur du chapiteau, il faisait froid. L'humidité glaçait les rangs. Les spectateurs arrivaient au goutte à goutte, se regroupaient sous la tente où les attendaient des boissons issues du « commerce équitable ». Les bonnes volontés ne se partagent pas ! J'ai cherché un endroit où déposer mon sac à dos. Un jeune homme m'a aidé à trouver dans le noir la porte d'une caravane qui sert de QG à André, le maître de la troupe, et à ceux qui travaillent avec lui. Quand je me suis inquiété que la porte ne fermât pas à clé, je me suis entendu répondre : « Il n'y a pas de voleur ici ! » Je me suis demandé s'il était vraiment certain que les installations autour du chapiteau fussent à l'abri d'une razzia lancée par une bande inconnue, agacée de voir une partie de son territoire envahie de « théâtreux ». Et il m'est apparu que le risque était, en effet, limité, car les installations étaient disposées sur une pelouse boueuse, située à l'écart des grands ensembles du Haut et du Bas-Clichy, c'est-à-dire hors des grands chemins que parcourent les meutes de « sauvageons », lesquels sont assez casaniers et n'aiment pas s'écarter de leur cité.

La soirée ne fut pas un triomphe. Elle rassemblait une centaine de participants. Deux « slammeurs » relativement réputés, Isma et Delphine 2, avaient été invités. Au premier rang, une vieille femme s'était installée, connue du petit monde des banlieues pour, en toute occasion, profiter de ce genre de représentation pour y dire des textes, poétiques ou non, contestant la société. Une société qui, sans doute, n'a pas rendu un hommage suffisant à son talent...

Les épigrammes d'Isma et de Delphine 2 faisaient rimer « comparses » et « me lassent », « couleurs » et « leurres », « se lancent » et « indolence ». Ils disaient aussi : « Beaucoup de gens, j'en fais partie, ne savent pas d'où ils viennent » ; ou encore : « Mes racines s'assimilent à des tentacules. »

Tel était le témoignage de la difficulté qu'ont les jeunes gens de la deuxième génération des banlieues à s'extirper de leurs origines.

Vinrent les Clichois qui lancèrent :

À trop tirer sur la corde, on a pété un câble ;
Ce qui compte ce n'est pas tant ce que tu représentes
Que ce que tu présentes ;
Ou : *Mes potes sont moins paresseux*
Que ce qu'ils paraissent, eux ;

Et puis : *Ce n'est pas avec des si*
Que les chaînes se scient ;
Mais aussi : *Il n'y a pas que l'ascenseur social qui*
est en panne,
Même l'escalier est condamné.

Ces textes que l'on « pose » – verbe qu'on utilise ici à la place de dire – effectuaient de constants allers-retours entre la renonciation et le volontarisme, entre la difficulté de s'extraire du milieu d'origine et la détermination à le faire. Entre l'échec considéré comme inéluctable, et la réussite, le succès, voire la gloire que quelques-uns peuvent atteindre.

Ce petit monde, en tout cas, prenait grand plaisir à s'approprier la langue française, à jouer sur les mots sans tabou et, parfois, avec un esprit de provocation qui n'épargnait personne. Vers la fin de la représentation, on entendit même un *Is-slam-mentable.*

Sortir du trou

L'enfer n'est pas de ce monde. Clichy-sous-Bois n'est pas l'enfer. Un certain nombre de ses habitants avouent même qu'ils s'y plaisent. Ils y ont construit leur existence. La taille des appartements est adaptée aux familles nombreuses, et le niveau des loyers aux bourses modestes. Ceux qui appartiennent à une communauté organisée peuvent y mener une vie tranquille. En outre, la banlieue sait parfois se montrer plus chaleureuse que la ville. On vous dira souvent : « Ici tout le monde se connaît. » Et c'est vrai. Tous les jeunes gens de l'âge du collège, beaucoup de ceux qui ont fréquenté le lycée se sont rencontrés au moins une fois et ont des amis communs. La tentation peut être grande, alors, de se claquemurer dans son quartier parmi ceux qui vivent la même vie.

Et puis, l'insécurité des biens affecte moins ceux qui n'ont rien que ceux qui possèdent. Et la sécurité des personnes est assurée si l'on respecte quelques règles simples.

Bien plus que n'en est capable Paris, où règne l'anonymat, une ville comme Clichy peut contrôler bien des aspects de la vie de ses habitants. Les communautés nationales y exercent une forte emprise sur le comportement de leurs enfants. Elles s'opposent à ce qu'ils « trahissent » leurs origines. Cela s'ajoute aux autres difficultés que les jeunes gens rencontrent pour s'extraire de leur milieu, dans l'accès à la culture du pays d'accueil ou dans la recherche d'un emploi.

Ni l'ascenseur social, ni l'escalier ne sont totalement bloqués, mais, à Clichy, comme dans d'autres villes de banlieue, ils sont beaucoup plus difficiles à emprunter qu'ailleurs. Il n'existe qu'un nombre restreint de places dans l'ascenseur, et les marches de l'escalier sont bien raides. On sait que les enfants dont les parents sont nés à l'étranger ont deux fois moins de chance de trouver un emploi qualifié que les descendants des « natifs ». Et, parfois, ils ne s'y acharnent pas vraiment parce qu'ils n'aperçoivent pas de lumière en haut de l'escalier.

L'échec de l'un engendre le ressentiment de l'autre. Et il arrive qu'il soit commode de charger le pays d'accueil de tous les maux. J'ai entendu, à l'occasion, de jeunes adultes tirer argument des années coloniales pour justifier leur renoncement à « se bouger ». « Les parents sont venus ici d'un pays sous tutelle, affirmait ainsi un des animateurs de la revendication clichoise ; ils ont travaillé sans rien dire parce qu'on ne contestait pas, chez eux, la présence coloniale. Ils n'ont jamais osé protester quand ils n'étaient pas bien traités. Eh bien, pour nous, c'est fini ! La colonisation a une dette envers nous. » Un autre : « Quand nos parents sont venus, ils ont admiré le bel appartement qu'est la France. Mais on leur a dit : "Non, non ; là, ce n'est pas pour vous ; vous, vous vivrez dans les toilettes." Ils ont travaillé, ils ont nettoyé les toilettes pour les rendre habitables. Nous, on ne veut pas vivre dans les toilettes. On veut une pièce de l'appartement. »

194

Ainsi se dessine, pour certains, la tentation du tout ou rien. Une idéologie de l'échec qui peut même aboutir à une culture de la haine. Et celle là est susceptible, à l'occasion, de saisir un quartier, une cité, et même toutes les banlieues d'un pays. Un événement tragique comme la mort de Zyad et Bounna, à Clichy, a renforcé brutalement chez eux le sentiment latent d'être abandonné et méprisé. De surcroît, les explications données par la police et son ministre ont eu pour résultat de transformer ce qui eût pu n'être qu'un incendie localisé en un embrasement à l'échelle nationale. Tout le monde a immédiatement compris, à Clichy, qu'il s'agissait là d'un mensonge destiné à masquer la réalité. Ces « explications » ont été perçues comme une insulte à la vérité et, donc, à ceux qui la connaissaient.

Dans une telle atmosphère, il faut énormément de constance et de volonté pour « sortir du trou ». C'est d'autant plus difficile et méritoire que ceux qui n'y parviennent pas, ou n'essayent pas d'y parvenir, affectent, au moins en apparence, d'ignorer sinon de mépriser ceux qui s'y essayent. Avec l'âge, toutefois, le sentiment de responsabilité s'affirme, mais beaucoup de chances et d'opportunités ont pu être gâchées pendant la période de l'adolescence. C'est le moment où certains abandonnent les études et où quelques-uns se laissent glisser vers la délinquance.

Dans ce tableau assez sombre, il existe pourtant des traits de lumière.

En voici trois exemples :

Georges

Les parents de Georges furent parmi les premiers occupants de La Forestière. Sa mère se souvient avec émotion de cette époque : « En bas, l'entrée était en marbre. Il y avait même dans certains bâtiments des aquariums. J'étais venue ici avec mon mari, ancien pilote de ligne, et qui était premier secrétaire à l'ambassade du Tchad. Mais, à partir de 1990-91, sont apparus les premiers signes de dégradation. Ça a commencé avec les boîtes à lettres qui ont été cassées. Après, c'est allé de mal en pis. »

Madame G. me parle dans son salon. Un mur est occupé par une photo géante de cocotiers qui projettent leur ombre sur une plage, un autre par des images pieuses, ainsi que par sa photo, à elle, prise du temps où La Forestière était encore splendide. Ça et là, des trophées sportifs. L'entrée est encombrée de chaussures de basket et de tennis.

« Avoir des garçons dans ces conditions, dit-elle, c'est très délicat. Alors, je préférais que leurs amis viennent à la maison plutôt que de les voir traîner à l'extérieur. »

Pour l'instant, deux de ces garçons sont occupés à installer internet dans l'appartement. Ils ont inégalement réussi dans la vie. L'un est chauffeur-livreur. Le plus jeune est lancé dans ses études à l'Université. Quant au cadet, c'est lui « le grand frère » de la cité, et au-delà. Conscient de ses responsabilités, il a contribué à créer le Service municipal de la jeunesse. Afin d'éviter que les « petits frères » ne dérivent, il s'est associé avec des copains pour les occuper. L'administration municipale a repris les choses en main. Dans le cadre de la Fonction publique territoriale, ce qui signifie : « Fermé le samedi et le dimanche », les jours, précisément, où les gamins sont le plus désœuvrés. Le bruit court avec insistance, parmi ceux-ci, mais il est invérifiable, que certains animateurs favorisent les uns ou les autres en fonction de leurs propres origines ethniques. Le communautarisme irait-il vraiment se nicher jusque-là ?

Georges ne s'est jamais vraiment remis d'avoir laissé échapper « son bébé ». Il a constitué autour de lui un réseau de « grands frères » qui s'efforcent de mettre un frein aux « délires » des plus petits.

Mais c'est à Vincennes que je le retrouverai, dans un immeuble qui fut naguère un centre d'activités vivant, et qui, depuis plusieurs années, est à l'abandon. Il y loue un studio où il passe une partie de son temps à pratiquer le dessin de mode et à élaborer bandes dessinées et *story-boards* qui font montre d'une créativité indiscutable.

« C'est Claude Dilain (le maire) qui, dit-il, a *boosté* mon entrée à l'Université. Ce sont mes profs qui m'ont dirigé vers un lycée spécialisé dans la publicité. On m'a aidé. J'avais, disaient-ils, des dons. Mais moi, si je m'étais écouté, je serais resté au collège toute ma vie. On était sept potes et on était bien. Beaucoup, aujourd'hui, refusent de sortir de ce cocon. Il y a deux mondes, ici : un où les parents aident les enfants à financer la grande fête de leur mariage ; et un autre où ils paient leurs études. Avec les potes, on a commencé à faire des BD, qu'on a vendues, cinq francs seulement. Pour eux, c'était un truc passager, mais moi, j'ai continué sur la base des personnages qu'on avait créés. J'ai dessiné une ligne de vêtements. À l'époque, personne encore n'avait lancé de collection « banlieue. » J'ai été aidé par des potes de banlieue qui avaient déjà décollé. J'ai organisé des défilés aux Bains-Douches. J'ai travaillé avec des jeunes qui opéraient déjà dans des ateliers. Je ne mangeais pas, je ne buvais pas, je ne dormais pas. J'aidais chacun jusque dans les déménagements. À force de me remuer et de créer, j'ai réussi à faire vendre mes vêtements par les Galeries Lafayette. Et puis, j'ai laissé tomber. Je me suis mis à la com. J'ai proposé des concepts en communication à toutes sortes d'associations et de commerces. Maintenant, je travaille de nouveau sur le graphisme de T-shirts. »

Malgré son inventivité, son esprit d'initiative, Georges n'est pas encore tiré d'affaire. Son refus de s'intégrer dans une structure plus importante, sa volonté d'indépendance et son attachement à la marque qu'il a créée ne lui facilitent pas la tâche. Ce que montre pourtant son itinéraire inachevé, c'est que le domaine artistique, au même titre que le sport, représente une des voies possible vers le succès à partir de la banlieue, même s'il s'agit là d'un chemin que seul un nombre limité de jeunes gens peut emprunter. La créativité existe bel et bien dans ces zones défavorisées. Plus, peut-être, qu'à l'horizon désespérément vide de Saint-Germain-des-Prés, où les boutiques de mode ont remplacé les librairies.

Mais la culture de banlieue n'est pas en soi une issue. Elle peut rendre un peu de vie à une France à bout de souffle dans la plupart des domaines de la création, mais elle ne pourra jamais se substituer aux modes plus classiques. Georges et les autres ne survivront dans leur entreprise qu'en acceptant de ne pas être uniquement les représentants d'une tendance marginale.

Nabil

À la différence de Clichy, Montfermeil, sa voisine, dispose de bâtiments anciens. Quelques vieilles maisons qui menaçaient de s'écrouler il n'y a pas longtemps y sont en voie de réhabilitation. C'est dans l'une d'entre elles que Nabil a acheté un appartement qu'il finit de restaurer. Un des murs du salon-salle à manger est couvert de livres, parmi lesquels beaucoup de recueils de poésie. C'est Baudelaire qui paraît avoir sa préférence.

Nabil a aussi vécu à La Forestière dans les années 1980. « C'était du haut de gamme, dit-il avec nostalgie. Dans l'entrée, c'était du marbre. Et il y avait des plantes, des aires de jeux pour les enfants. » Comme avec regret : « Les trois quarts des propriétaires étaient des Français de souche. Et puis, tout a changé. Dans les années 1980-90, le taux de renouvellement à été de quatre-vingts, peut-être de quatre-vingt-dix pour cent. On ne reconnaissait plus nos voisins. Les gardiens vendaient cinq mille francs à des squatters des appartements qu'ils étaient chargés de protéger. Nous sommes partis en 1987. »

Madame B, sa mère, ce souvient plus précisément du processus de dégradation de La Forestière, de l'école et de la ville. « D'abord, les plantes ont disparu du hall d'entrée. Ensuite, c'est une ampoule qui a claqué et qui n'a pas été remplacée. Quand les ascenseurs tombaient en panne, ils n'étaient pas réparés tout de suite. Et puis, un jour, une poubelle a brûlé... À l'époque, les enfants devaient traverser un petit bois pour aller à l'école. Un jour, un garçon armé d'un couteau a menacé ma fille. Heureusement, un groupe passait au même moment. Alors j'ai pris la décision de partir. J'ai refermé la porte derrière moi et je n'y suis plus jamais retournée. »

Mais madame B donne aussi les raisons qui ont permis à ses enfants de s'extraire du malheur : « J'étais ferme avec mes enfants. Quand je rentrais du travail, à dix-sept heures, j'exigeais qu'ils soient à la maison. Et le mercredi, par l'intermédiaire d'associations, je les envoyais à la piscine. »

Nabil, quant à lui, est revenu a Clichy au début de sa vie d'adulte, après avoir terminé ailleurs ses études. Mais il n'avait pas oublié ces années-là. Alors, il est devenu conseiller social dans le haut de la ville. Tous les jours, il reçoit, guide, rend visite aux uns et aux autres. Parfois très haut dans les étages. Le soir, il rejoint Clotilde, sa femme, une Française « de souche ». Nabil aussi est français, et sa mère, elle aussi, a acquis la nationalité française. C'est le grand-père de Nabil qui a immigré.

« À la fin de la guerre, dit madame B. Pas la guerre d'Algérie, la Seconde Guerre mondiale. »

Ce soir-là, Nabil lisait du Mallarmé à Clotilde. Et il a offert du champagne à son visiteur. Du champagne rosé.

Boulos

J'ai rencontré Boulos dans un café de Saint-Germain-des-Prés où j'avais eu mes habitudes quand j'étais étudiant à Sciences-Po, là où lui-même étudie.

Il m'attendait sous la pluie, à l'entrée de l'établissement, pas certain de ma venue. Il ne souhaitait pas être vu en ma compagnie. Il ne voulait surtout pas que son nom apparût. Pour ne pas donner le sentiment de trahir ceux parmi lesquels il avait vécu. Pour ne pas se singulariser au sein de Sciences-Po. Boulos – c'est un pseudonyme – a lui aussi vécu à La Forestière, dans les années 1980, jusqu'à ce que ses parents, comme beaucoup d'autres, quittent les lieux. Il était en classe de seconde quand il a appris que l'Institut d'études politiques allait s'ouvrir aux jeunes gens présentés par certains lycées des zones d'enseignement prioritaires (ZEP). À partir de ce moment, il n'a plus eu d'autre but que de travailler pour réussir le concours d'entrée.

Il ne veut surtout pas en dire plus sur lui-même. Il n'accepte qu'une chose : parler des conditions de vie en banlieue, dire pourquoi l'intégration y échoue aussi souvent. Son explication est simple, et lumineuse.

« Les immigrés viennent ici avec un passé. On les installe ensemble dans une ville, dans une cité éloignée du centre. Comment voulez-vous qu'ils s'intègrent dans la société française puisqu'ils ne voient pas de Français dans leur vie quotidienne ? Et puis, mais ça vient après, il y a la question de l'autorité. Tous ces gens appartiennent à des civilisations, des cultures, où l'autorité est très forte. Ici, l'autorité n'est pas dosée. Ou bien elle est brutale, et souvent injuste, comme c'est le cas dans les rapports avec la police, ou bien elle n'existe pas. Il arrive alors qu'ils aient des Français une vision binaire, totalement contrastée. Ils les voient, dans certains cas, comme des racistes violents qui, quand ils en disposent, usent de la force sans la justifier, et dans d'autres cas comme des gens qui ont renoncé à inspirer le respect, comme des faibles, des "bouffons" que l'on peut chahuter. »

Boulos me serre la main, avec l'espoir un peu incertain que j'aie bien compris ce qu'il voulait dire. Et il repart vers la rue Saint-Guillaume où, je l'apprendrai ensuite, les enseignants, parmi les plus titrés de France, sont impressionnés par l'intelligence et la maturité de ce garçon de dix-neuf ans.

Georges, Nabil et Boulos ont découvert trois voies qui permettent d'échapper à la « malédiction » des « zones urbaines sensibles ». L'art, le secteur social et, dans certains cas bien précis, les études universitaires. Aucun des trois n'a voulu rompre avec son milieu d'origine. Ils ne se sont pas « échappés » de la banlieue, ils ne l'ont pas abandonnée. Ils veulent encore être utiles aux leurs.

Après tout ça

Parler de la banlieue est devenu le dernier thème à la mode. Surtout quand on n'y a pas mis les pieds. Nos brillants esprits, à commencer par les « nouveaux » philosophes, trouveraient beaucoup d'avantages à s'y rendre pour quelques jours avant de se permettre d'évoquer de nouveau le sujet, eux qui ont décrit les émeutes de novembre 2005 comme des « affrontements ethnico-religieux. »

Dans le paysage désertique de la pensée française contemporaine, certains « intellectuels » ont cru découvrir là un filon providentiel. Ce qui se passe dans les banlieues ne serait qu'une des manifestations du combat planétaire inspiré par le « troisième totalitarisme », dont Oussama Ben Laden est l'inspirateur. Il serait donc impératif, pour la survie de l'Occident, de couper dès qu'elles apparaissent toutes les têtes de cette hydre maléfique. Telle est la tâche à laquelle ils se sont attelés, dans un discours enveloppant, hérité des techniques de la pensée totalitaire dont ils furent les élèves avant de la dénoncer. Ils assimilent les incendies de voitures aux attaques du 11 septembre 2001 contre les tours jumelles du World Trade Center, fournissant ainsi une caution intellectuelle à ceux qui se contentent de dénoncer

« l'invasion musulmane ». Échouement pathétique de la pensée où l'on a pu voir les trotskistes et maoïstes d'hier rejoindre ceux qu'ils qualifiaient de « fascistes » dans les années de la guerre d'Algérie.

Peut-être s'agit-il là aussi du choc en retour d'une époque où toute une partie de la gauche, sous la houlette d'un ministre à paillettes, se laissait aller à une admiration béate de toutes les manifestations du peuple des cités. Où des imaginations se prirent à rêver de faire entrer le hip hop à l'Opéra.

C'est à cette époque que, faute d'entreprendre une politique d'ensemble, les équipes ministérielles successives se sont mises à accumuler des législations spécifiques. Chaque ministre crut dès lors pouvoir, d'une loi à laquelle il attacherait son nom pour l'éternité, régler la question. On empila les textes, on multiplia les appellations. Combien existe-t-il aujourd'hui de ZEP, de ZUS, de ZAC, de ZAD ou de zones franches ? Plus personne ne le sait. Une seule certitude : les zonards, eux, sont bien là. Combien a-t-on créé de comités, de commissions, ou, innovation plus récente, de hautes autorités dont ceux-là mêmes qui les ont inventés ne recueillent que bien rarement les avis ?

Oui, l'empilement des textes, lois, décrets, directives, plus ou moins mis en œuvre, si nombreux et si complexes qu'ils entrent parfois en conflit les uns avec les autres, est bien la manifestation la plus aiguë de l'incapacité de notre société à s'attaquer de front aux grands problèmes.

Oui, ce fouillis de textes permet à de minuscules fonctionnaires embusqués dans ce labyrinthe d'en retarder, par paresse, mauvaise volonté ou simple incompétence, l'application.

Enfin, cet état de choses est le produit d'une France qui croit pouvoir affronter les problèmes d'aujourd'hui avec les mots d'ordre, les devises et le vocabulaire d'avant-hier.

TABLE

T R A N S C O D É
ET ACHEVÉ D'IMPRIMER
EN   SEPTEMBRE   2006
SUR   LES   PRESSES   DE
CORLET   IMPRIMEUR
À CONDÉ-SUR-NOIREAU
C   A   L   V   A   D   O   S

Numéro   d'édition :   0753
Numéro d'impression : 94224
Dépôt légal : octobre 2006
Imprimé   en   France